PiRi

Das Sprach-Lese-Buch 3

Erarbeitet von
Angela Hock-Schatz
Sonja Kargl
Gerlinde Rusch
Ute Schimmler
Sabine Trautmann

Beratung von
Christa ten Broek
Manuela Burgard
Judith Havenith-Kluck
Marion Kosmowski
Hedda Otterbach

Ernst Klett Verlag
Stuttgart · Leipzig

PiRi
Das Sprach-Lese-Buch 3

Erarbeitet von
Angela Hock-Schatz
Sonja Kargl
Gerlinde Rusch
Ute Schimmler
Sabine Trautmann

Beratung von
Christa ten Broek
Manuela Burgard
Judith Havenith-Kluck
Marion Kosmowski
Hedda Otterbach

Illustrationen:
Sylvia Graupner
Heike Herold
Dieter Konsek
Cleo-Petra Kurze
Claudia Weikert

1. Auflage A 1 12 11 10 09 08 | 2017 16 15 14 13

Alle Drucke dieser Auflage können im Unterricht nebeneinander benutzt werden, sie sind untereinander unverändert.
Die letzte Zahl bezeichnet das Jahr dieses Druckes.

Redaktion: Anke Meinhardt, Vivien Renz
Herstellung: Marion Krahmer
Umschlag/Kapitelauftaktseiten:
Steffi Kassler unter Verwendung der Illustrationen von Sylvia Graupner und Claudia Weikert
Layout und grafische Gestaltung:
Dagmar & Torsten Lemme
Repro: Meyle + Müller, Pforzheim
Druck: Stürtz GmbH, Würzburg
ISBN 978-3-12-270411-7

9 783122 704117

Zeichenerklärung:

 Verweis zum Leselexikon

 Verweis zum Lesetext

Inhalt

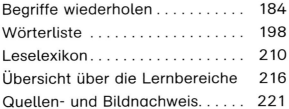

Du und ich

Puppentheater
am 23. Mai
um 14 Uhr
in der Aula
Eintrittskarte
Ich bin Tom.
Lieblingsessen: Spaghetti
Hobby: Fußball
Ich heiße Helene.
Ich esse gern Pizza.
Meine Hobbys sind:
Rad fahren, zeichnen
und schwimmen

Ich und du

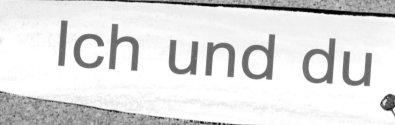

stundenplan

Stunde	MO	DI	MI	DO	FR
1	Ma	Sport	D	Ma	D
2	D	Sport	Ma	Ma	Werken
3	D	Mu	H	D	Ma
4	Ku	D	D	Schw.	Mu
5	Ku	Engl.	We	Schw.	
6					

Klassensprecherwahl

unsere Kandidaten

Nach den Ferien

Zum Glück behalten wir Frau Zander als Klassenlehrerin.
Ich freue mich schon aufs Schwimmen!
Neuer Klassenraum, neue Lehrer in Musik und Sport. Das finde ich doof.

❶ Nach den Ferien ist vieles neu. Was hat sich für eure Klasse verändert? Worauf freut ihr euch? Was macht euch Angst?

Bisher unterrichtete Frau Zander Musik in der Klasse 3a.
Nun gibt Herr Janus Musikunterricht.
Alle sitzen gespannt auf ihren Plätzen. Da geht die Tür auf.
Herr Janus kommt in die Klasse. Er trägt eine Kiste mit Instrumenten. Unter seinem Arm klemmt eine Gitarre.
Aufgeregt tuscheln die Kinder miteinander.

Bei zwei Nomen gibt es keine Mehrzahl.

❷ Schreibe den Text ab.

❸ Welche Nomen stehen in der Einzahl, welche in der Mehrzahl? Trage sie mit Artikel nach Einzahl und Mehrzahl geordnet in eine Tabelle ein und ergänze das Fehlende.

❹ Schreibe die Verben in der er/sie/es-Form und in der Grundform nebeneinander: *sie unterrichtete – unterrichten, …*

unterrichten   tuscheln   klemmen   sich aufregen – aufgeregt

Zu Hause

Tom schreibt in sein Tagebuch:

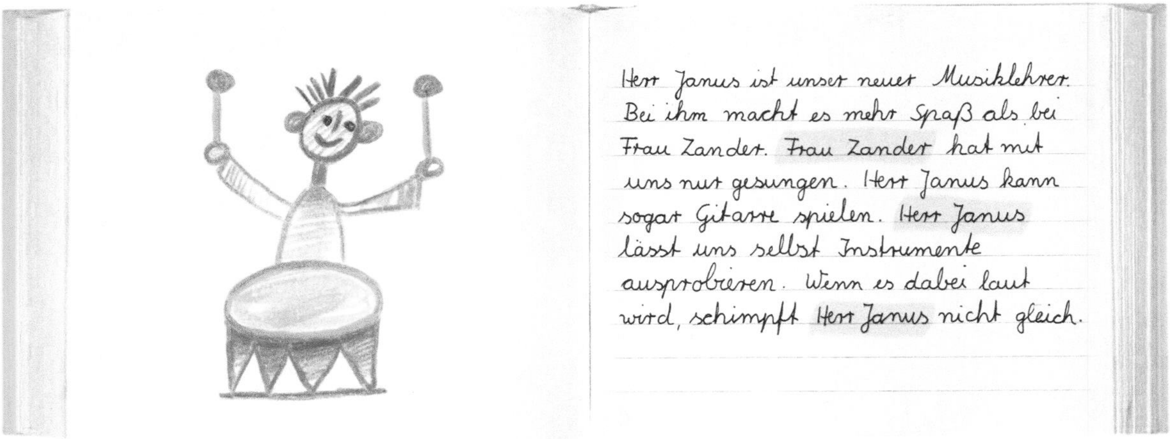
Herr Janus ist unser neuer Musiklehrer.
Bei ihm macht es mehr Spaß als bei
Frau Zander. Frau Zander hat mit
uns nur gesungen. Herr Janus kann
sogar Gitarre spielen. Herr Janus
lässt uns selbst Instrumente
ausprobieren. Wenn es dabei laut
wird, schimpft Herr Janus nicht gleich.

1. Lies den Text. Wie kannst du ihn verbessern?
2. Setze für die markierten Namen „er“ oder „sie“ ein.

Für Nomen kann man **Pronomen (Fürwörter)** einsetzen:
ich, du, er, sie, es, wir, ihr, sie.
Pronomen richten sich nach dem Artikel des Nomens:
der Mann – er, die Frau – sie, das Kind – es, die Kinder – sie.

Marie kommt begeistert nach Hause:
„Er hatte heute zum ersten Mal bei uns
Unterricht. Wir durften sie ausprobieren.
Sie hatte eine Trommel, er Klanghölzer.
Er hat nicht gemeckert, obwohl es ziemlich laut wurde.
Danach spielte er uns auf seiner Gitarre Melodien vor.
Sie hat fast nur mit uns gesungen.“

Maries Eltern verstehen kein Wort.

3. Was meint Marie? Schreibe es so auf, dass ihre Eltern es verstehen.
Ersetze die markierten Pronomen durch diese Nomen:
Herr Janus, die Instrumente, Tina, Tom, Herr Janus, Frau Zander.

Die Neue

1. Kannst du dir vorstellen, wie die neue Schülerin sich fühlt?
2. Wie könntest du ihr helfen ihre Unsicherheit zu überwinden?
3. Schreibe auf, was du zu der neuen Mitschülerin sagen würdest.
4. Sprecht in Gruppen darüber und spielt vor, wie ihr mit dem neuen Mädchen redet.

Kyra

Die Kinder sind sehr neugierig.
Sie wollen wissen,
wie die neue Schülerin heißt,
wo sie wohnt,
warum sie in eine neue Schule kommt,
wann sie Geburtstag hat,
wie alt sie ist.

1. Schreibe auf, was die Kinder das Mädchen fragen.
2. Markiere die Fragewörter und das Fragezeichen.
3. Welche Fragewörter kennst du noch?

Die neue Schülerin heißt Kyra. Sie wohnt direkt neben Isa.
Auf dem Nachhauseweg will Isa wissen,
ob Kyra schon andere Kinder in der Schule kennt,
ob sie gern liest,
ob sie auch Tennis spielt,
ob ihr die neuen Lehrerinnen gefallen,
ob sie am Nachmittag zusammen ins Kino gehen,
ob Kyra sie morgen früh abholt.

4. Schreibe auf, was Isa Kyra fragt: *Kennst du …?*
5. Unterstreiche das Verb am Satzanfang.

Bei Fragesätzen ohne Fragewörter steht das Verb am Satzanfang.

6. Was würdest du eine neue Schülerin oder einen neuen Schüler fragen? Schreibe es auf.

Geburtstag Kino Tennis heißen zusammen

Sich streiten und vertragen

Jana ist sauer.
Auf dem Hof ist Steffen hinter ihr hergerannt.
Dann hat er ihren Rock festgehalten und
dabei ist eine Naht geplatzt.

❶ Hast du so etwas auch schon erlebt?
Wie habt ihr den Streit gelöst?

Das könnte Steffen rufen:

„Ich habe doch nur Spaß gemacht. Vielleicht kann meine Mutter den Rock nähen."	„Du hast doch gesagt, ich soll dich fangen. Blöde Kuh!"

❷ Wie wird der Streit am schnellsten beendet?
Schreibe den oberen Text und deine Lösung ab.

❸ Schreibe alle Nomen des Textes mit Artikel auf.

❹ Bilde die Mehrzahl der Nomen.

Aus dem Vokal
wird immer
ein Umlaut.

Jana schreibt auf einen Zettel:

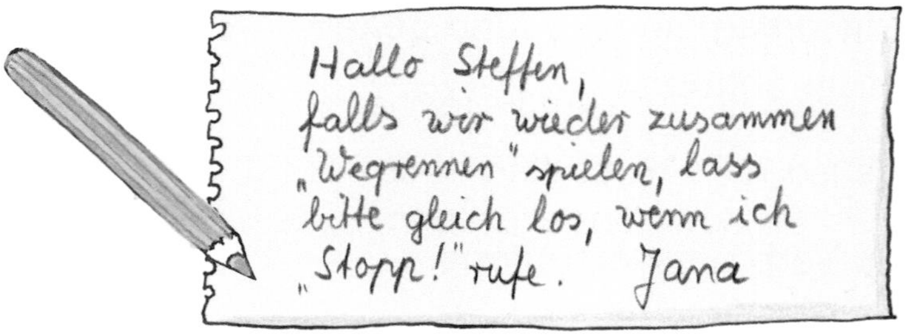
Hallo Steffen,
falls wir wieder zusammen
„Wegrennen" spielen, lass
bitte gleich los, wenn ich
„Stopp!" rufe. Jana

❺ Schreibe die Wörter mit doppeltem Konsonanten
aus dem Brief heraus.

❻ Markiere die kurz gesprochenen Vokale.

Lies das „Wutgedicht" laut, wenn du wütend bist. S. 19

bitte   lassen   dann   können – kann   falls   wenn

Streit vermeiden

Zwei Mädchen aus der vierten Klasse haben Spaß daran, Igor einen Schreck einzujagen.
Neulich schubsten sie ihn.
Sie lachten und hielten ihn fest.
Da bekam Igor Angst und schrie.
Zum Glück hörte Jonas ihn.

❶ Was könnte Jonas getan haben?

> Auch Gefühle und Gedanken werden durch Nomen benannt.
> Sie werden großgeschrieben und haben Artikel:
> der Streit, die Idee, das Glück.

❷ Schreibe den Text ab.

❸ Schreibe die Nomen, die Gefühle benennen, mit Artikel auf.

❹ Übe den Text als Diktat.

Igor und seine Freunde spielen Fußball.
Die beiden Mädchen aus der vierten Klasse stehen am Rand.
„Na, du Niete! Kannst du überhaupt bis zum Tor schießen?"
Igor reagiert gar nicht auf die miesen Sprüche.
Jonas spielt ihm den Ball zu und Igor schießt ein Tor.
Schließlich wird es den beiden Viertklässlerinnen zu langweilig und sie verschwinden.

❺ Was würde geschehen, wenn Igor genauso antwortet?
Spielt die unterschiedlichen Situationen nach.

❻ Schreibt alle Wörter mit ie aus dem Text heraus.

Wie unsinnig Streit beginnt, erfährst du auf S. 20.

Angst Glück Schreck schließlich schubsen vier

Gemeinsam etwas tun

Warum sollen unsere Wettkämpfe immer so ernst sein?
Wir können doch draußen Sport treiben.
Im Dreibeinlauf über die Wiese zu humpeln, finde ich lustig.
3

❶ Welche Ideen hast du? Erzähle.

In Gruppen überlegen sich die Kinder witzige Aufgaben.
Paula fasst zusammen, was die Gruppe „Hexenlauf“ besprochen hat:
„Ich besorge die Hexenbesen. Jonas, du bringst die Bälle mit.
Tim will Schiedsrichter sein. Dafür braucht er eine Trillerpfeife.
Kyra holt Kegel aus der Sporthalle. Die stellt sie in einer Reihe auf.
Das Rennen macht Spaß, aber es ist gar nicht so einfach.
Wir müssen die Bälle mit den Besen um die Hindernisse fegen.
Könnt ihr an die Stoppuhren denken?
Was machen wohl die anderen Gruppen? Sie treffen sich morgen.“

❷ Erkläre den Hexenlauf.

❸ Schreibe ab, was Paula sagt.

❹ Unterstreiche die Pronomen und schreibe sie untereinander auf.

❺ Schreibe hinter jedes Pronomen die richtige Form des Verbs „spielen“.
Schreibe so: *ich spiele, du …*

❻ Ihr könnt auch einen lustigen Sportwettkampf durchführen.

Weitere Ideen für gemeinsame Spiele findest du auf S. 22.

Gemeinsam etwas aufführen

Die Klasse 3b schreibt einen Brief an ihre Klassenlehrerin:

Liebe Frau Toben,
es wäre schön, wenn Sie ein Theaterstück mit uns aufführen würden. Wir haben doch das „Sams" gelesen.
Vielleicht können Sie ein Kapitel mit uns einüben?
Martin und Katrin haben schon eine Szene ausgesucht, die ihnen gut gefällt. Die würden sie Ihnen gern vorlesen.
Annes Mutter hat ihre Hilfe bei den Proben angeboten.
Außerdem will sie die Kostüme nähen.

Ihre Klasse 3b

1. Kannst du erklären, warum die Pronomen „sie", „ihre" und „ihnen" manchmal großgeschrieben werden?

Die Anredepronomen „Sie", „Ihr", „Ihre" und „Ihnen" werden großgeschrieben.

2. Schreibe den Brief ab.

3. Unterstreiche die Pronomen, mit denen Frau Toben angesprochen wird.

Martin schreibt an Annes Mutter:

Liebe Frau Melat,
ich finde es toll, dass _____ uns helfen.
Was brauchen _____ für den Taucheranzug des Sams?
Frau Toben hat gesagt, dass _____ den Stoff besorgen wird.
Vielen Dank!
_____ Martin

4. Schreibe den Brief ab. Setze die richtigen Pronomen ein.

Über das Sams kannst du noch mehr lesen. S. 24

Wie wir uns andere wünschen

Ich mag keine ängstlichen und schüchternen Mädchen.
Da ich mit meinem Freund Fußball spielen will, muss er sportlich sein.
Ich hätte gern Lara als Freundin. Sie ist witzig und immer hilfsbereit.
Meine Freundin muss tierlieb sein.

1. Welche Eigenschaften werden von den Kindern genannt? Schreibe die Adjektive heraus.

2. Wie sollte deine Freundin oder dein Freund sein? Erzähle.

Anna ist Monas beste Freundin. Beide können prima zusammen spielen und über die gleichen Dinge lachen. Sie ärgern sich gemeinsam über die Jungen und mögen die gleiche Lehrerin. Doch sie sind eifersüchtig, wenn die andere zu lange mit einer Klassenkameradin redet.

3. Muss deine Freundin oder dein Freund die gleichen Dinge und Menschen mögen wie du? Sprecht darüber.

4. Schreibe die drei Nomen mit der Endung -in mit Artikel untereinander und bilde jeweils die Mehrzahl: *die Freundin – die Freundinnen, …*

5. Suche in der Wörterliste weitere Nomen mit der Endung -in. Schreibe sie auf und bilde die Mehrzahl.

Die Klassensprecherwahl

Einige Kinder der 3c haben aufgeschrieben, wie ihre Klassensprecherin oder ihr Klassensprecher sein sollte.

Der Klassensprecher oder die Klassensprecherin muss gut reden können, weil die Lehrerinnen und Lehrer sie ja verstehen müssen.

Kinder, die Klassensprecher werden wollen, müssen beliebt sein, sonst wählt sie niemand.

Ein Klassensprecher muss gerecht sein. Er darf keinen vorziehen.

Die Klassensprecherin muss mutig sein. Sonst traut sie sich nicht zu unserer Schulleiterin zu gehen.

1. Sprecht über die Aufgaben eines Klassensprechers.
2. Schreibe auf, welche Eigenschaften und Fähigkeiten eine Klassensprecherin oder ein Klassensprecher noch haben sollte.

> Die Wahl
> - Stimmzettel auszählen
> - Stimmzettel austeilen
> - Frage an das gewählte Kind, ob es die Wahl annimmt
> - Vorschläge an der Tafel sammeln
> - geheim wählen
> - dem gewählten Kind gratulieren

3. Schreibe den Wahlvorgang geordnet auf:
Zuerst sammeln wir …
Danach teilen …

Nickel bekämpft die Angst

Nickel ist neun Jahre alt. Auf seinen Bruder Django kann er sich verlassen. Leider ist er nicht da, wenn Nickel in der Schule Angst bekommt. Aber Django hat ihm gute Tipps gegeben.

Frau Friedrichs teilt Rechenblätter aus. Nickel legt sein Blatt vor sich auf den Tisch. Am Anfang passt er ja noch auf, doch dann wird er unruhig. Er hört nicht mehr, was Frau Friedrichs vorn an der Tafel erzählt. Das heißt, er hört es noch, versteht es aber nicht mehr. Er hat keine Lust, an Rechnen zu denken. Lieber an Essen.

Auf seinem Rechenblatt steht eine Aufgabe mit drei mal zwei Birnen und fünf mal drei Äpfeln. Gemischtes Kompott 📖, denkt Nickel. Vielleicht noch Schlagsahne drauf. Nickel spürt seinen Hunger. Sein Bauch wird größer und wärmer und dann fühlt es sich an, als wäre sein ganzer Körper nur noch Bauch. Je länger Nickel drei mal zwei Birnen und fünf mal drei Äpfel anschaut, umso hungriger wird er …

„Nickel, komm doch mal zur Tafel!“, sagt Frau Friedrichs.

Nickel bekommt einen Mordsschreck, weil er nicht aufgepasst hat.

Er steht auf. Sein Kopf ist wie ein aufgeblasener Wasserball und seine Knie fühlen sich so weich an, als würden sie gleich unter ihm zusammenfallen.

Nickel hat Angst. Mit Wackelpuddingknien geht er zur Tafel.

Frau Friedrichs hat die Aufgabe schon hingeschrieben, aber die Zahlen verschwimmen vor seinen Augen. Er fühlt sich überhaupt ganz und gar verschwommen. Immer ist das so, wenn man Angst hat, denkt Nickel.

Er atmet tief ein und zählt bis drei. Das hat Django gesagt, immer erst tief einatmen und dann bis drei zählen und dann etwas tun.

Der Trick hilft immer, wenn man Angst hat, hat Django gesagt.
Beim Ausatmen grunzt Nickel wie ein Schwein, das Angst hat. Anfangs vergrunzt er sich, es hört sich fast an wie ein Rülpser, aber dann kommen die Töne laut und klar.
Erst ist es einen Moment lang still, dann fangen die anderen an zu lachen und zu grölen.
„Nickel lässt die Sau raus", schreit Alexander und haut vor Begeisterung so fest auf den Tisch, dass sein Federmäppchen auf den Boden fällt.
„Nicht schon wieder, Nickel", sagt Frau Friedrichs mit bösem Gesicht.
„Hier geht's zu wie in einem Schweinestall", ruft Benjamin und versucht auch zu grunzen. Aber er kann es nicht. Jedenfalls nicht laut. Und leise ist keine Kunst.
Carola singt: „Schweine-Nickel, Nickel-Schwein." Und Vanessa sagt: „Nickel Schweinegrunzer."

...

„Ruhe!", brüllt Frau Friedrichs. Und zu Nickel sagt sie, er soll sich wieder setzen.
Nickel setzt sich auf seinen Platz.
Djangos Trick hat geklappt. Wenn Nickel Angst hat, grunzt er wie ein Schwein, das Angst hat. Oder richtiger, er grunzt, wie er glaubt, dass ein Schwein grunzt, das Angst hat. Denn in echt hat er noch nie ein Schwein grunzen hören. Höchstens im Fernsehen.
Das Schweinegrunzen hat ihm Django beigebracht, auch das Kühemuhen und das Schafeblöken. Das Miauen hat Nickel direkt von Maunze, der Katze von Frau Dobermann. Und sein Bellen stammt hauptsächlich von Cäsar aus dem rosa Giebelhaus in der Heimgartenstraße. Eigentlich kann Nickel viel besser bellen und miauen, aber über das Grunzen und Blöken lachen die anderen lauter. Und nur darauf kommt es an. Wenn man die anderen zum Lachen bringt, merken sie nicht, dass man Angst hat, hat Django gesagt. Je lauter sie lachen, umso weniger merken sie irgendetwas.

Mirjam Pressler

- Warum grunzt Nickel im Unterricht?
- Was tust du, wenn du im Unterricht nichts weißt und Angst hast?

So stachelig wie ein Kaktus

In der Schule ist große Pause. Anne steht auf dem Schulhof am Zaun. Sie hält sich an den Holzlatten fest. Anne ist wütend auf Dieter. Der hockt auf der Bank unterm Kastanienbaum. Anne kann ihn nicht sehen. Dieter ist nämlich in einem Knäuel von Kindern verschwunden. Er hat sich gestern in der Turnstunde den linken Arm gebrochen. Heute kam er mit einem dicken Gipsverband in die Schule. Nun wollen die Kinder aus seiner Klasse auf den Arm schreiben. Anne wollte das auch. Aber Dieter hat sie weggeschickt.

„Du hast so eine Krakelschrift", hat er gesagt. „Und schmieren tust du auch." Anne ist traurig. Es stimmt, was der Dieter gesagt hat. Sie kann wirklich immer noch nicht gut schreiben.

„Das lernst du schon noch", tröstet sie Frau Kerger immer. Frau Kerger ist die Klassenlehrerin. Sie meint, dass Anne sehr gut malen kann. Das stimmt auch. Darum kann Anne dem Dieter doch etwas auf den Gips malen. Ein Haus, eine Blume oder ein Eichhörnchen.

Als es klingelt, läuft Anne mit den anderen Kindern ins Klassenzimmer. Dieter hat seinen Platz neben Anne.

Er legt seinen Gipsarm auf den Tisch. Anne kann lesen, wer auf den Arm geschrieben hat. In roter, grüner, gelber und blauer Schrift. Claudia, die immer mit Dieter nach Hause geht, hat sogar ein rotes Herz draufgemalt. Wieso ist das nicht mein Gipsarm, denkt Anne. Dann dürften alle Kinder aus der Klasse draufmalen. Alle! Nur der Dieter nicht. Wenn ich so einen Gipsarm hätte, dann möchte ich auch so ein Herz draufhaben.

Anne schiebt den Ärmel von ihrem Pulli hoch und malt auf ihren Arm ein kleines blaues Herz. Neben das Herz einen Pinguin. Der steht auf einer Eisscholle. Oben scheint die Sonne.

Dieter stupst sie an. „He du, Anne“, sagt Dieter. „Anne, malst du mir auch so einen kleinen Pinguin auf meinen Gipsarm?“

„Nee“, sagt Anne. „Einen Pinguin bekommst du nicht. Aber wenn du willst, mal’ ich dir einen Kaktus.“

„Einen Kaktus?“, fragt Dieter. „Warum denn das?“

„Weil der so stachelig ist. Genauso stachelig wie du.“ Anne lacht.

Ursula Fuchs

- Fühltest du dich auch schon einmal ausgeschlossen?

Wutgedicht

Ich habe eine Wut im Bauch
und fühl’ mich gar nicht toll.
Ich möchte, dass die Wut jetzt geht.
Weiß nicht, wie’s gehen soll.

Ich stampfe mit den Füßen auf
und klatsche in die Hand.
Ich möchte, dass die Wut jetzt geht.
Sie raubt mir den Verstand.

Ich schließe meine Augen
und zähle: eins, zwei, drei.
Ich denk’ an meine Freunde,
bald ist die Wut vorbei.

Sabine Trautmann

Wie Bernd und Frieder miteinander reden

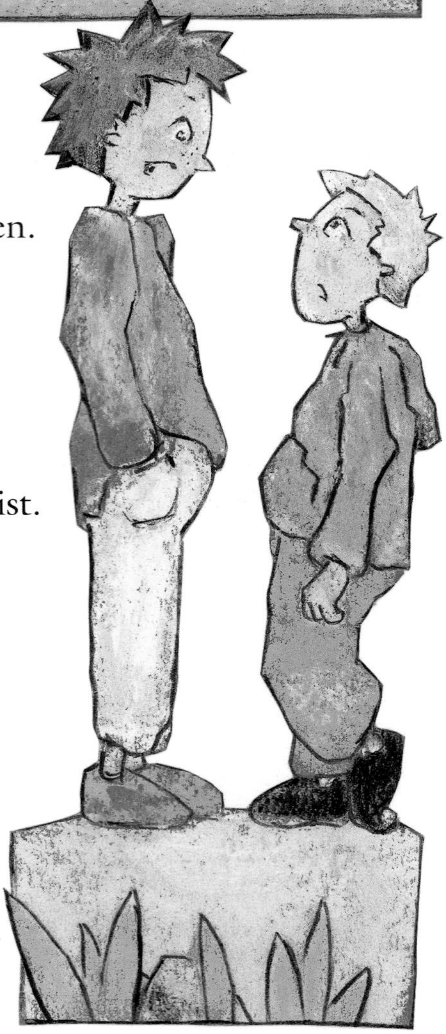

Bernd: Geh mir mal aus dem Weg!
Frieder: Warum?
Bernd: Weil du mir im Weg stehst.
Frieder: Aber du kannst doch an mir vorbeigehen.
Da ist eine Menge Platz.
Bernd: Das kann ich nicht.
Frieder: Warum?
Bernd: Weil ich geradeaus gehen will.
Frieder: Warum?
Bernd: Weil ich das will. Weil du mein Feind bist.
Frieder: Warum?
Bernd: Weil du mir im Weg stehst.
Frieder: Darum bin ich dein Feind?
Bernd: Ja. Darum.
Frieder: Und wenn ich dir aus dem Weg gehe,
bin ich dann auch noch dein Feind?
Bernd: Ja. Weil du dann ein Feigling bist.
Frieder: Was soll ich denn machen?
Bernd: Am besten, wir verkloppen uns.
Frieder: Und wenn wir uns verkloppt haben,
bin ich dann auch noch dein Feind?
Bernd: Ich weiß nicht. Kann sein.
Frieder: Dann geh ich lieber aus dem Weg und bin ein Feigling.
Bernd: Ich hab gewusst, dass du ein Feigling bist.
Von Anfang an hab ich das gewusst.
Frieder: Wenn du es schon vorher gewusst hast,
warum bist du dann nicht an mir vorbeigegangen?

Peter Härtling

Warum sich Raben streiten

Weißt du, warum sich Raben streiten?
Um Würmer und Körner und Kleinigkeiten,
um Schneckenhäuser und Blätter und Blumen
und Kuchenkrümel und Käsekrumen
und darum, wer Recht hat und Unrecht, und dann
auch darum, wer schöner singen kann.

Mitunter streiten sich Raben wie toll,
darum, wer was tun und lassen soll,
und darum, wer Erster ist, Letzter und Zweiter
und Dritter und Vierter und so weiter.

Raben streiten um jeden Mist.
Und wenn der Streit mal zu Ende ist,
weißt du, was Raben dann sagen?
Komm, wir wollen uns wieder vertragen!

Frantz Wittkamp

- Weißt du, warum sich Kinder streiten?
- Du kannst dein eigenes Gedicht schreiben.

Freundschaftsspiele

Die warme Dusche
Ein Kind geht vor die Tür. Alle überlegen, was sie an diesem Kind toll finden. Das Kind wird hereingerufen und setzt sich in die Mitte des Stuhlkreises. Nun sagt ein Kind nach dem anderen der Mitschülerin oder dem Mitschüler etwas Nettes.

Vöglein, piep einmal!
Einem Kind werden die Augen verbunden, während die anderen Kinder im Kreis sitzen. Es setzt sich auf den Schoß eines Spielers und fordert ihn auf: „Vöglein, piep einmal!“ Der Spieler antwortet mit „piep“. Er kann dabei seine Stimme verstellen. Das Kind muss erraten, auf wessen Schoß es sich gesetzt hat.

Mit Worten streicheln
Jedes Kind schreibt auf einen Zettel seinen Namen. Nun werden die Zettel eingesammelt und gemischt. Jeder zieht verdeckt einen Zettel und schreibt dem Kind, das es gezogen hat, etwas Freundliches auf. Ihr könnt das ein paar Mal wiederholen.

Wer fehlt?
Ein Kind wird vor die Tür geschickt. Nun versteckt sich ein Schüler oder eine Schülerin unter einem Laken. Alle anderen Kinder tauschen die Plätze. Das Kind kommt herein und muss erraten, wer fehlt.

Ich und du

Setzt euch zu zweit nebeneinander.
Nun versucht gemeinsam mit nur
einem Stift ein Haus zu zeichnen.
Schafft ihr es auch ohne zu sprechen?

Suche dir einen Partner oder eine Partnerin!
Nun binde dein linkes Bein mit dem rechten
Bein des anderen Kindes zusammen.
Wie lange braucht ihr um eine längere
Strecke gemeinsam zurückzulegen?

Stellt euch paarweise gegenüber auf!
Nun bewegt sich ein Kind. Das andere Kind
ahmt alle Bewegungen genau nach,
als ob es das Spiegelbild sei.
Nun wechselt die Rollen.

Vertraue mir

Bildet Paare! Nun verbindet jeweils
einem Partner die Augen.
Der andere führt seinen Partner an
Hindernissen vorbei bis zu einem
sicheren Ziel.

In der Turnhalle legen sich alle
Kinder in Abständen auf den Boden.
Der Letzte in der Reihe steht auf
und springt nacheinander über
jedes liegende Kind.
Dann legt er sich wieder flach hin.
Nun darf das nächste Kind
über die anderen hüpfen.

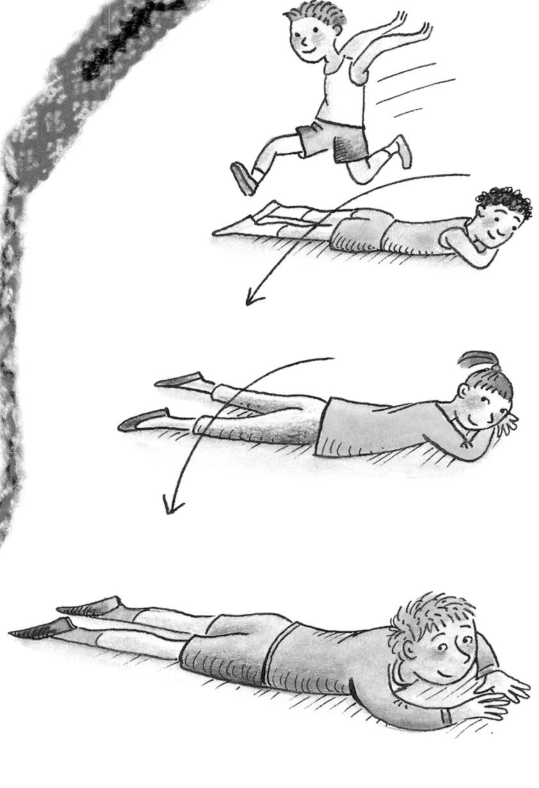

Das Sams in der Schule

Das Sams war bereits vier Tage bei Herrn Taschenbier. Am Morgen des fünften Tages wünschte sich Herr Taschenbier, das Sams solle in die Schule gehen. So musste das Sams dies auch tun …

Als Herr Groll in die Klasse kam, herrschte dort große Aufregung.
„Ruhe!“, donnerte er und schlug mit dem Buch auf die erste Bank.
Schlagartig verstummten alle Schüler, rannten zu ihren Plätzen und stellten sich auf.
„Was soll der Lärm?“, fragte er barsch.
„Da ist ein Neuer“, sagte ein Schüler.
„Der sieht so komisch aus“, sagte ein anderer.
„Er hat einen Anzug wie ein Froschmann“, rief ein Dritter.
„Und das ganze Gesicht voller Tintenflecken“, fügte ein Vierter hinzu.
„Ruhe!“, schrie Herr Groll noch einmal.
„Redet doch nicht alle durcheinander!“
Streng sah er von einem Schüler zum anderen …
„Setzen!“, befahl er dann, und die Schüler setzten sich aufatmend nieder.
Jetzt wandte er sich dem Neuen zu …
Herr Groll stellte sich vor ihm auf.
„Wie heißt du?“, fragte er.
„Robinson“, sagte der neue Schüler und lachte. Es war das Sams.
„Du sollst hier nicht lachen!“, befahl Herr Groll und runzelte die Stirn.
„Warum nicht?“, fragte das Sams.
„Weil man hier nicht lacht“, erklärte Herr Groll.
„Doch, man lacht hier“, stellte das Sams richtig. „Schau her!“
Und es lachte, dass sein Mund von einem Ohr zum anderen zu reichen schien. Die Kinder lachten mit, so ansteckend wirkte das.

„Ruhe!“, schrie Herr Groll wütend. „Außerdem sagt man nicht du zu mir. Das solltest du in deinem Alter längst wissen.“

„Wie denn dann?“, fragte das Sams erstaunt.

„Du sagst Sie zu mir, verstanden!“, erklärte er.

„Sie?“, fragte das Sams verblüfft. „Bist du denn eine Frau?“

„Lümmel“, schimpfte Herr Groll. „Mich als Frau zu bezeichnen, so eine Frechheit!“

„Ist eine Frau denn etwas Schlimmes?“, fragte das Sams.

„Nein, natürlich nicht“, lenkte Herr Groll ein.

„Warum schimpfst du dann?“, fragte das Sams.

„Sie!“, verbesserte Herr Groll aufgebracht.

„Sie schimpft?“, fragte das Sams und schaute sich um.

„Ich kann sie gar nicht sehen.“ „Wen?“

„Die Frau, die schimpft.“

„Wer hat denn was von einer Frau gesagt?“

„Du“, erklärte das Sams. „Sie!“, verbesserte Herr Groll erregt.

„Schon wieder sie. Das scheint aber eine freche Frau zu sein. Überall mischt sie sich ein.“

„Hör jetzt endlich auf, von deiner Frau zu faseln“, schrie Herr Groll.

„Das ist nicht meine Frau“, sagte das Sams.

„Ich bin nicht verheiratet. Ich bin viel zu jung …“

„Ruhe!“, brüllte der Lehrer dazwischen.

„Meinst du mich?“, fragte das Sams.

„Sie!“, verbesserte Herr Groll gereizt.

„Ach so, die Frau“, sagte das Sams verstehend.

Herr Groll sah verzweifelt an die Decke.

Paul Maar

- Warum musst du über Herrn Groll lachen?
- Wie kommt es zu dem Missverständnis zwischen dem Sams und Herrn Groll?
- Ihr könnt die Geschichte nachspielen oder ein Hörspiel gestalten.

ÜBUNGEN

Pronomen

Jonas kommt in den Klassenraum. Jonas geht dicht an Maries Tisch vorbei. Dabei stößt Jonas gegen Maries Tisch und Maries Füller fällt herunter. Nun hat Marie Angst, dass der Füller kaputt ist. Marie schimpft. Jonas schaut sich erschreckt um. Was soll Jonas jetzt tun?

1. Schreibe den Text ab. Unterstreiche alle Namen und Nomen.
2. Ersetze einige Namen und Nomen durch Pronomen und schreibe den Text neu auf. Markiere die Pronomen.

Jonas hat Maries Füller heruntergeworfen. Die Lehrerin kommt in die Klasse. Sie sieht, dass es Ärger gegeben hat. Sie geht zu ihnen. Er hat ihn bereits aufgehoben. Sie sieht schon nicht mehr so wütend aus. Sie sagt: „Tut mir leid, dass ich gleich losgebrüllt habe."

3. Der Text wird erst verständlich, wenn man einige Pronomen durch Nomen oder Namen ersetzt. Schreibe das Pronomen und das gewählte Nomen oder den Namen nebeneinander: *sie – die Lehrerin, …*
4. Schreibe den Text neu.

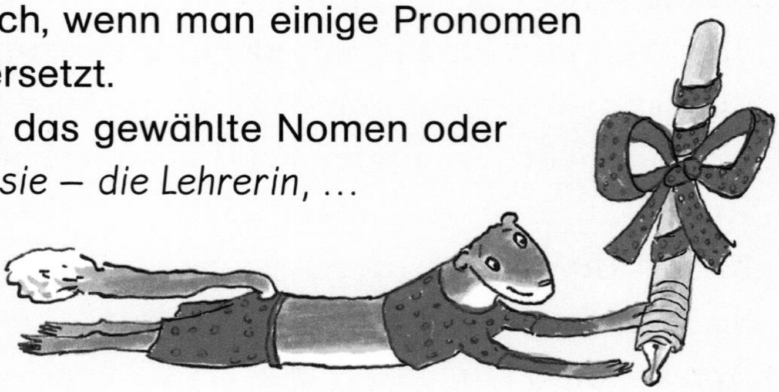

Umlaute

Kyra ist neu in der Stadt. Ihre Mutter bekam hier einen Arbeitsplatz. Jetzt steht Kyra ängstlich an der Wand. Sie starrt auf den Schrank und sagt kein Wort. Ob die anderen merken, was in ihrem Kopf los ist? Es macht keinen Spaß, angestarrt zu werden. Endlich hört sie den erlösenden Satz: „Hallo, du kannst dich auf diesen Stuhl setzen."

5. Schreibe den Text ab und unterstreiche alle Nomen.
6. Schreibe die Nomen heraus und bilde jeweils die Mehrzahl.
7. Markiere die Vokale und die Umlaute.

Fragesätze und Aussagesätze

Was?	Wann?	Warum?	Wem?	Wie?	Wo?	Wer?

hältst du dich gern auf?
vertraust du?
wirst du wütend?
wünschst du dir von Freunden?
fühlst du dich, wenn man dich ärgert?
hat dir heute etwas Nettes gesagt?

1. Ergänze die passenden Fragewörter und schreibe die Fragen ab.
2. Du kannst die Fragen beantworten.

Berkant will wissen, ob Herr Janus auch Klavier spielt. Er fragt: ...
Kyra möchte, dass Isa ihr bei einer Aufgabe hilft. Sie fragt: ...
Isa will Kyra am Nachmittag treffen. Sie fragt: ...
Jana möchte, dass Steffen zu ihr nach Hause kommt. Sie fragt: ...
Jonas will sich wieder mit Marie vertragen. Er fragt: ...
Die Lehrerin will wissen, ob alle die Geschichte kennen. Sie fragt: ...

3. Schreibe die Fragen so auf: *Spielen Sie ...?*
4. Unterstreiche die Verben farbig.

Wörter mit ie

Isa und Kyra
Isa und Kyra telefonieren fast täglich. Manchmal schreiben sie sich auch Briefe. Beide lieben Pferde. Kyra kann nicht reiten, aber ab und zu darf sie Isas Pferd striegeln. Außerdem spielen die beiden Mädchen Handball. Sie hoffen, dass sie beim nächsten Spiel viele Tore werfen.

5. Schreibe den Text ab.
6. Unterstreiche alle Wörter mit ie.
7. Übe den Text als Diktat.

ÜBUNGEN

Adjektive

vergesslich	fleißig	schnell	sportlich	fröhlich	still

Tom erledigt im Wochenplan auch
alle Zusatzaufgaben. Er ist .
Sandra vergisst häufig ihr Schreibheft.
Sie ist .
Jonas spielt toll Fußball.
Er ist .
Narmatha redet nur ganz wenig.
Sie ist .
Lars ist immer als Erster fertig.
Er ist .
Kübra lacht viel. Sie ist .

❶ Schreibe die Sätze ab und ergänze die passenden Adjektive.

❷ Schreibe nun so: *Tom ist ein fleißiger Junge.*

❸ Schreibe auch Sätze zu den Kindern deiner Klasse.

Endung -in und -innen

Frau Müller ist seit Montag unsere neue Schulleiterin. Vorher war Herr Schmidt unser Schulleiter. Er ging an eine andere Schule. Darüber war unsere Sekretärin sehr traurig. Aber unsere Lehrerin und die Konrektorin finden die neue Schulleiterin genauso nett.

❹ Schreibe alle Berufe aus dem Text untereinander auf.

❺ Bilde jeweils die Mehrzahl und unterstreiche die Endungen.

❻ Welche Berufe werden in deiner Schule ausgeübt und von wem?

ÜBUNGEN

Nickel bekämpft die Angst S. 16

- Woran denkt Nickel, als er die Rechenaufgaben sieht?
- Warum bekommt Nickel einen Mordsschreck, als ihn Frau Friedrichs an die Tafel ruft?
- Was tut Nickel gegen die Angst?
- Was kann Nickel besser als Schweinegrunzen?
- Warum merken die anderen nicht, dass Nickel Angst hat?

1 Beantworte die Fragen schriftlich. Schreibe Sätze.
Du kannst im Text nachschauen, wenn du unsicher bist, wie man etwas schreibt.

So stachelig wie ein Kaktus S. 18

Anne ist wütend auf Dieter,
weil er sich den Arm gebrochen hat.
Anne ist wütend auf Dieter,
weil sie nicht auf seinen Gipsarm schreiben darf.

Anne kann sehr gut malen.
Anne kann sehr gut schreiben.

Claudia hat auf Dieters Gipsverband ein rotes Herz gemalt.
Claudia hat auf Dieters Gipsverband ein blaues Herz gemalt.

Anne malt auf Dieters Gipsarm ein Herz und einen Pinguin.
Anne malt auf ihren Arm ein kleines Herz und einen Pinguin.

Dieter findet Annes Pinguin toll.
Dieter findet Annes Pinguin hässlich.

Anne will auf den Gipsverband einen Pinguin zeichnen.
Anne will auf den Gipsarm einen Kaktus zeichnen.

2 Schreibe die Sätze auf, die zu der Geschichte passen.

Die Tage werden kürzer

Verspätet

Tom hat ein neues Computerspiel. Lisa möchte es kennen lernen.
Gleich nach dem Mittagessen besucht sie Tom.
Sie weiß: Sobald es dunkel wird, muss sie zu Hause sein.
Das Spiel ist lustig und spannend. Man muss Gespenster vertreiben.
Im Wohnzimmer klingelt das Telefon. Die Kinder sind viel zu beschäftigt.
Sie überhören es einfach. Als Lisa endlich geht,
bekommt sie einen Schreck. Draußen ist es schon dunkel.
Lisa hat ganz vergessen, wie kurz die Tage jetzt sind. Sie rennt los.
Zu Hause öffnet ihre Mutter die Wohnungstür.
Lisa merkt sofort, dass die Eltern sich Sorgen gemacht haben.
Ihr Vater blättert im Telefonbuch.

1. Hast du auch schon einmal die Zeit vergessen? Erzähle.

2. Was sagen deine Eltern, wenn du zu spät nach Hause kommst?
3. Spielt vor, was Lisa und ihre Eltern sagen.
4. Schreibe die Geschichte aus der Sicht Lisas, Toms oder der Eltern.

Was geschieht, als Hannes zu spät kommt, liest du auf S. 42.

Was man spricht, heißt **wörtliche Rede.**
In Texten setzt man die wörtliche Rede in **Anführungszeichen.**
Der **Begleitsatz** sagt uns, wer spricht und wie jemand spricht:
Mutter schimpft: „Du kommst aber spät."

5 Schreibe auf, was Mutter, Vater und Lisa sagen.
Schreibe so: *Mutter erklärt: „Wir haben …"*

Am nächsten Morgen sitzen alle am Frühstückstisch ▢ Lisa fragt ängstlich: Seid ihr noch böse ▢ Mutti schüttelt den Kopf und sagt: Ich bin ja froh, dass dir nichts passiert ist ▢ Vater hat sich beruhigt ▢ Er lacht: Das Computerspiel muss ja sehr spannend sein ▢ Ob Tom es mir ausleiht ▢ Schließlich schlägt Lisas Mama vor: Rufe beim nächsten Mal unbedingt an und sage uns Bescheid ▢

6 Schreibe den Text mit den richtigen Satzschlusszeichen ab.

7 Unterstreiche, was gesprochen wird.

8 Setze nun die Anführungszeichen.

9 Lest den Text mit verteilten Rollen.

alle schütteln passieren müssen – muss

Timos Drachen

Die ersten Herbststürme lassen die Blätter wirbeln. „Zeit zum Drachensteigen", denkt Timo. Ganz oben auf dem Schrank liegt der Karton mit dem Drachen. Timo muss sich eine Leiter holen.

Mit dem Drachen unterm Arm läuft Timo zur Wiese im Park. Der bunte Drachen steigt in die Luft. Timo schaut ihm nach. Wie groß er ist! Und Timo ist klein und leicht. Ein kräftiger Windstoß und der Drachen zieht Timo in die Höhe. Sie fliegen über den Park. Plötzlich lässt der Sturm nach ...

1. Wo landet Timo? Was erlebt er nach der Landung? Erzähle.

Eine Geschichte besteht oft aus einer **Einleitung,** einem **Hauptteil** und einem **Schluss.**

2. Schreibe die Fortsetzung des Hauptteils und den Schluss der Geschichte.
3. Ihr könnt mit euren Geschichten ein Buch zusammenstellen.

Von oben ist alles ganz klein:

Eine Straße wird zum Sträßchen.	Ein Baum wird zum ...
Ein Haus wird ...	Ein Wald ...
Ein Hund ...	Eine Katze ...

4. Verändere die Nomen durch die Endsilbe -chen. Schreibe die Sätze vollständig auf.

Auch Pippa lässt einen Drachen steigen. S. 44

Am nächsten Tag erzählt Timo:

Der Wind blies **gestern** ziemlich stark.
Ich wollte **deshalb** meinen
Drachen steigen lassen.
Ich musste ihn lange suchen.
Ich fand ihn **schließlich** auf dem Schrank.
Ich lief mit ihm zur Wiese im Park.
Der Drachen stieg **schnell** nach oben.

Denke an die Großschreibung am Satzanfang!
PIRI

5 Stelle einige Sätze so um, dass die dick gedruckten Wörter am Satzanfang stehen. Schreibe die veränderte Geschichte auf.

die | Drachenschnur | zerrte | plötzlich | stark | an | meinem | Arm

6 Stelle die Wörter so um, dass sinnvolle Sätze entstehen.

7 Schreibe alle Sätze auf, die möglich sind. Denke auch an Fragesätze. Welche Wörter bleiben immer zusammen?

Ein Satz setzt sich aus **Satzgliedern** zusammen. Satzglieder bestehen aus einem Wort oder mehreren Wörtern. Die Wörter eines Satzgliedes bleiben beim Umstellen immer zusammen.

Ein kräftiger Windstoß zog mich in die Höhe.
Ich schwebte langsam durch die Luft.
Ich sah unter mir den Park.

8 Stelle die Sätze um.

9 Kennzeichne die Satzglieder mit unterschiedlichen Farben.

Im Wald

❶ Schreibe auf, was die Kinder im Wald tun:
Ein Mädchen umfasst den Baumstamm. Ein …

❷ Unterstreiche in deinen Sätzen die Verben.
Bilde jeweils ihre Grundform.

❸ Was könntest du im Wald noch alles tun? Erzähle.

Am nächsten Tag
Mit vollen Körben kommen die Kinder am nächsten Tag in die Schule. Hier wollen sie die gesammelten Dinge verarbeiten, Texte verfassen und Bilder dazu malen. Einige Kinder versuchen aus Eicheln und Kastanien Tiere herzustellen. Jana und Timo verrühren Quark mit den mitgebrachten Beeren. Sie verteilen ihn an alle.

❹ Schreibe die Verben mit der Vorsilbe ver- aus dem Text heraus.

❺ Übe den Text als Diktat.

verfassen Eichel Kastanie Korb Beere

Die Laubbäume leuchten in den herrlichsten Herbstfarben. Der feuchte Waldboden ist mit vielen bunten Blättern bedeckt. In einer fast kahlen Baumkrone entdecken die Kinder ein leeres Vogelnest.
Auf dem Waldboden findet Tim Kiefernzapfen. „Das wird unsere Wetterstation!“, ruft er Anna zu. „Bei Regenwetter schließen sich die Zapfenschuppen. Sobald es trocken ist, öffnen sie sich wieder.“
Jana sammelt Fichtenzapfen und kleine Astgabeln. Sie erinnert sich an ein Geschicklichkeitsspiel, das in einer Kinderzeitschrift beschrieben wurde: Zwei Kinder versuchen einen Zapfen von einer Astgabel auf eine andere weiterzugeben. Ob das alle schaffen?

❻ Schreibe die zusammengesetzten Nomen aus dem Text mit Artikel so auf: *das Laub, die Bäume: die Laubbäume, …*

❼ Wonach richtet sich der Artikel bei zusammengesetzten Nomen? Unterstreiche diesen Teil des Wortes.

Vogel Zapfen Herbst Nest Station

Tiere des Waldes

Hanna hat im Internet Informationen über Tiere des Waldes gesucht und Rätsel am Computer aufgeschrieben:

Er lebt meist am Rande des Waldes. Er kann schnell laufen und ändert auf der Flucht vor Feinden ständig die Richtung. Seine Ohren sind lang und werden „Löffel" genannt. Seinen kurzen, weißen Schwanz bezeichnet man auch als „Blume". Er schläft in einer Sasse .

Sie ist sehr klein und lebt in einem hohen Haufen mit anderen zusammen. Die Gänge des Baus werden in der Erde fortgeführt. Sie ist sehr fleißig. Ihre Königin kann bis zu 15 Jahre alt werden.

Er ist ein sehr großer Waldbewohner. Das Männchen ist bis zu 2,50 m lang und kann 350 kg wiegen. Sein kräftiges Stangengeweih zählt bis zu 22 Enden. In der Brunftzeit kann man sein lautes Röhren sehr weit hören.

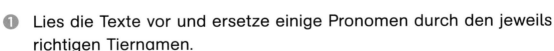

Ein Tier erstarrt im Winter.

1. Lies die Texte vor und ersetze einige Pronomen durch den jeweils richtigen Tiernamen.
2. Schreibe einen Text dann so verändert auf.

Fuchs	Wildkaninchen	Reh	Hase	Wiesel	Ameise	Dachs	Eule

3. Schreibe die Tiernamen mit Artikel und dem jeweils passenden Pronomen auf: *der Fuchs – er, …*
4. Verfasse eigene Tierrätsel, indem du nur Pronomen verwendest.
5. Ihr könnt ein Tierrätselbuch zusammenstellen.

Ein Pilz als Sonnenschirm

Darf ich auch unter deinen Sonnenschirm?
Nein, ich habe ja selbst kaum Platz.

Sonnenschirm, gemütlich

unter den Pilz dürfen

ablehnen, eng

Das ist ja unglaublich!

Gießkanne, gießen

wächst, sich wundern

nebeneinander liegen

❶ Warum gießt die braune Maus den Pilz? Erkläre.

❷ Schreibe auf, was die beiden Mäuse sagen.
Denke an den Begleitsatz und die Anführungszeichen.
Die braune Maus fragt: „…"

❸ Erzähle die Geschichte von den beiden Mäusen.
Die Wörter unter den Bildern können dir helfen.

Eine andere Pilzgeschichte findest du auf S. 46.

Laubfresser

Im Herbst werfen die Bäume und Sträucher ihre Blätter ab. Diese werden von Regenwürmern, Asseln 📖 und anderen kleinen Tieren verspeist. Aber auch Bakterien und Pilze, die du nur unter dem Mikroskop 📖 entdecken kannst, zersetzen das Laub. Was diese Laubfresser ausscheiden, nennt man Humus. Sobald die Pflanzen im Frühling zu wachsen beginnen, entziehen ihre Wurzeln dem Boden die Nährstoffe wieder.

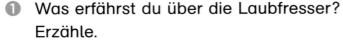

❶ Was erfährst du über die Laubfresser? Erzähle.

Die Bedeutung von Verben kann durch Vorsilben verändert werden. Vorsilben sind zum Beispiel: **ab-, aus-, be-, ent-, ver-, zer-.**

❷ Schreibe aus dem Text alle Verben heraus, die eine Vorsilbe haben:
abwerfen, ...

❸ Unterstreiche die Vorsilben.

ent-	ver-	be-	aus-	ab-	vor-	los-

ziehen	fallen	halten	decken	gehen	stecken

❹ Bilde mit den Vorsilben sinnvolle Verben.

❺ Schreibe Sätze mit diesen Verben.

❻ Ihr könnt einen Regenwurmschaukasten bauen.

ziehen decken stecken speisen halten

Bevor es Winter wird

Eichhörnchen halten Winterruhe. Sie verschlafen nur einen Teil des Winters in Baumnestern, die man „Kobel“ nennt. Im Herbst legen Eichhörnchen Vorräte für den Winter an und vergraben Nüsse, Eicheln und Bucheckern. Sie bekommen ein Winterfell. Dann wachsen ihnen auch auffällige Haarbüschel an den Ohren. Diese „Hörnchen“ gaben ihnen den Namen.

1. Schreibe den Sachtext ab.
2. Unterstreiche rot, was Eichhörnchen im Herbst tun.
3. Unterstreiche blau, was du über das Fell der Eichhörnchen erfährst.

Sachtexte enthalten Informationen zu einem Thema. Sie beschränken sich auf wesentliche Aussagen.

Siebenschläfer

Die niedlichen Siebenschläfer mit ihren Kulleraugen halten in gemütlichen Baumhöhlen, Felsspalten oder Erdlöchern einen langen Winterschlaf.

Um die lange Schlafenszeit zu überstehen, fressen sie sich im farbenfrohen Herbst eine dicke Fettschicht an.

Siebenschläfer halten in Felsspalten, Baumhöhlen oder Erdlöchern Winterschlaf.

Um den Winterschlaf zu überstehen, fressen sie sich im Herbst eine Fettschicht an.

4. Vergleiche die nebeneinander stehenden Sätze.
5. Schreibe den sachlicher formulierten Text ab.

Was Feldmäuse im Herbst und Winter tun, steht auf S. 51.

Hannes fehlt

Sie hatten einen Schulausflug gemacht. Jetzt war es Abend und sie wollten mit dem Autobus zur Stadt zurückfahren. Aber einer fehlte noch. Hannes fehlte. Der Lehrer merkte es, als er die Kinder zählte.
„Weiß einer etwas von Hannes?“, fragte der Lehrer.
Aber keiner wusste etwas. Sie sagten: „Der kommt noch.“
Sie stiegen in den Bus und setzten sich auf ihre Plätze. „Wo habt ihr ihn zuletzt gesehen?“, fragte der Lehrer. „Wen?“, fragten sie. „Den Hannes? Keine Ahnung. Irgendwo. Der wird schon kommen.“
Draußen war es jetzt kühl und windig, aber hier im Bus hatten sie es warm. Sie packten ihre letzten Butterbrote aus.
Der Lehrer und der Busfahrer gingen die Straße zurück. Einer im Bus fragte: „War der Hannes überhaupt dabei? Den hab' ich gar nicht gesehen.“
„Ich auch nicht“, sagte ein anderer.
Aber morgens, als sie hier ausstiegen, hatte der Lehrer sie gezählt, und beim Mittagessen im Gasthaus hatte er sie wieder gezählt, und dann noch einmal nach dem Geländespiel. Da war Hannes also noch bei ihnen.
„Der ist immer so still“, sagte einer. „Von dem merkt man gar nichts.“
„Komisch, dass er keinen Freund hat“, sagte ein anderer, „ich weiß noch nicht einmal, wo er wohnt.“
Auch die anderen wussten das nicht. „Ist doch egal“, sagten sie.
Der Lehrer und der Busfahrer gingen jetzt den Waldweg hinauf.
Die Kinder sahen ihnen nach.
„Wenn dem Hannes jetzt etwas passiert ist?“, sagte einer.

„Was soll dem passiert sein?“, rief ein anderer. „Meinst du, den hätte die Wildsau gefressen?“

Sie lachten. Sie fingen an, sich über die Angler am Fluss zu unterhalten, über den lustigen alten Mann auf dem Aussichtsturm und über das Geländespiel. Mitten hinein fragte einer: „Vielleicht hat er sich verlaufen? Oder er hat sich den Fuß verstaucht und kann nicht weiter. Oder er ist bei den Kletterfelsen abgestürzt?“

„Was du dir ausdenkst!“, sagten die anderen. Aber jetzt waren sie unruhig. Einige stiegen aus und liefen bis zum Waldrand und riefen nach Hannes. Unter den Bäumen war es schon ganz dunkel. Sie sahen auch die beiden Männer nicht mehr. Sie froren und gingen zum Bus zurück.

Keiner redete mehr. Sie sahen aus den Fenstern und warteten.

In der Dämmerung war der Waldrand kaum noch zu erkennen.

Dann kamen die Männer mit Hannes. Nichts war geschehen.

Hannes hatte sich einen Stock geschnitten und dabei war er hinter den anderen zurückgeblieben. Dann hatte er sich etwas verlaufen. Aber nun war er wieder da, nun saß er auf seinem Platz und kramte im Rucksack.

Plötzlich sah er auf und fragte: „Warum seht ihr mich alle so an?“

„Wir? Nur so“, sagten sie.

Und einer rief: „Du hast ganz viele Sommersprossen auf der Nase!“

Sie lachten alle, auch Hannes.

Er sagte: „Die hab’ ich doch schon immer.“

Ursula Wölfel

- Warum wurde Hannes nicht vermisst?

Pippa

Im Oktober bauen die Kinder einen Drachen.

„Lass mal“, sagen sie zu Pippa. „Du kannst nicht helfen. Du bist noch zu klein.“

„Es ist schlimm, wenn man immer zu klein ist“, sagt Pippa zu ihrer Mama.

„Du wächst doch jeden Tag ein Stück“, sagt die Mama.

Doch die anderen wachsen eben auch und nie holt Pippa sie ein.

Es wird ein Vogeldrachen. Weite bunte Schwingen hat er und große blaue Augen, mit denen er Pippa anschaut. Abwechselnd halten die Kinder die Schnur und rennen damit los. Pippa läuft mit. Hoch hinauf steigt der Vogeldrachen, bis er ganz klein aussieht. Aber die richtigen Vögel fliegen noch viel höher.

Wenn die Kinder die Schnur aufspulen, muss der Drachen heruntersteigen. Dann liegt er auf dem gelben Stoppelfeld, wo vorher das Getreide gewachsen ist, und Pippa meint, dass er sie mit seinen blauen Augen traurig ansieht.

„Jetzt geht ein toller Wind!“, rufen die Kinder und sie lassen den Drachen wieder hochsteigen.

„Darf ich ihn mal halten?“, fragt Pippa. „Ich will ihn auch mal halten.“

„Lass ihn aber nicht los!“, sagen sie und drücken Pippa die Schnur in die Hand. Pippa fasst sie mit beiden Händen. Sie spürt, wie der Drachen da oben zuckt und bebt. Er will fortfliegen, denkt sie. Er ist ein Vogel und will mit den anderen Vögeln ziehen.

Und auf einmal tut ihr der Drachen so leid, dass sie gar nicht anders kann: Sie lässt die Schnur los.

„Pippa!“, schreien die Kinder. „Jetzt ist er weg!“

„Sie hat ihn eben nicht halten können“, sagt einer der großen Jungen. „Sie ist noch zu klein.“

Das ist aber nicht wahr. Pippa hätte den Vogeldrachen gut halten können. Jetzt segelt er oben am blauen Himmel dahin. Er ist frei. Immer höher steigt er und bald wird er in der Ferne verschwinden.

Pippa schaut ihm nach, bis ihre Augen schmerzen, weil der Himmel so hell ist.

„Du brauchst nicht zu weinen“, sagen die anderen Kinder.

„So schlimm ist es auch nicht.“ Aber Pippa weint gar nicht. Sie denkt, dass der bunte Vogeldrachen jetzt sehr, sehr glücklich ist.

Gina Ruck-Pauquèt

Drachenflüge

Hoch am Himmel
ein Gewimmel:
Rote, blaue,
gelbe, graue,
kunterbunte
Drachen lachen.

Steigt dein Drachen?
Was für Sachen!
Guck mal, hält er?
Nein, da fällt er.
Lauf schnell weiter!
Sieh, da steigt er!

Ute Schimmler

Unter dem Pilz

Eines Tages wurde eine Ameise von einem Regenguss überrascht. Wo sollte sie unterschlüpfen? Da entdeckte die Ameise auf der Wiese einen kleinen Pilz, sie rannte schnell hin und versteckte sich unter dem Hütchen. Da saß nun die Ameise im Trockenen und wartete den Regen ab. Aber es regnete immer stärker und stärker …

Kommt ein nasser Schmetterling zum Pilz gekrochen und bittet: „Ameise, liebe Ameise, mach mir doch ein Plätzchen unter dem Pilz frei! Ich bin ganz durchnässt, kann nicht mehr fliegen!“

„Wo willst du hier noch hin?“, antwortete die Ameise. „Ich hab’ selber kaum Platz.“

„Es wird schon gehen! Wenn auch in Enge, so doch in gutem Einvernehmen.“

Und die Ameise ließ den Schmetterling unter das Pilzhütchen schlüpfen. Nun regnete es aber in Strömen …

Flitzt da ein Mäuschen herbei und piept: „Lasst mich doch auch unter den Pilz! Das Wasser fließt in Bächen von meinem Fell.“

„Wohin sollen wir dich denn lassen? Hier ist kein Millimeter mehr frei.“

„So rückt doch ein bisschen zusammen!“

Das taten sie denn und das Mäuschen schlüpfte unter das Pilzdach. Der Regen aber rann und rann und wollte gar nicht aufhören …

Kommt ein Spatzenjunges angehüpft und weint: „Nass ist mein Federkleidchen, müde sind die Flügelchen! Nehmt mich auch unter den Pilz, damit ich ein wenig ausruhe und trocken werde, bis der Regen aufhört."

„Hier ist kein Platz mehr."

„Rückt doch enger zusammen, bitte!"

„Na schön."

Sie rückten enger zusammen und es fand sich für den Spatz noch ein Plätzchen.

Da aber hoppelte ein Hase auf die Waldwiese und sah den Pilz.

„Versteckt mich", schrie er. „Helft mir, der Fuchs ist hinter mir her."

„Der Hase tut mir Leid", sprach die Ameise. „Machen wir uns doch ein wenig dünner." Kaum hatten sie den Hasen unterm Pilz versteckt, kam auch schon der Fuchs angerannt.

„Habt ihr keinen Hasen hier gesehen?", fragte er.

„Nein", antworteten sie.

Der Fuchs kam schnüffelnd näher: „Hat er sich nicht hier versteckt?"

„Wo soll er sich denn verstecken?"

Schlug der Fuchs mit seinem schönen Schweif und verschwand.

Da hörte der Regen auf, die liebe Sonne lugte aus den Wolken.

Alle schlüpften unter dem Pilz hervor und freuten sich gar sehr.

Die Ameise wurde nachdenklich und sprach: „Wie kann das nur sein? Zuerst war es für mich allein eng unter dem Pilz und zuletzt hatten wir alle fünf Platz."

„Kwa-cha-cha! Kwa-cha-cha!", vernahmen sie plötzlich ein Lachen.

Sie schauten auf. Saß doch auf dem Pilzhut ein Frosch und hielt sich den Bauch vor Lachen. „Ach ihr Dummköpfe! Der Pilz ist doch …"

Er sprach nicht zu Ende und hüpfte quakend von dannen.

Da sahen sich alle den Pilz an und errieten, warum es zuerst für einen eng war und zuletzt alle fünf Platz hatten.

Habt ihr's auch erraten?

Wladimir Sutejew

- Ihr könnt die Geschichte mit verteilten Rollen lesen und auch spielen.
- Schaut in Sachbüchern nach, wie Pilze wachsen.

Frederick

Rund um die Wiese herum, wo Kühe und Pferde grasten, stand eine alte, alte Steinmauer.

In dieser Mauer – nahe bei Scheuer und Kornspeicher – wohnte eine Familie schwatzhafter Feldmäuse.

Aber die Bauern waren weggezogen, Scheuer und Kornspeicher standen leer. Und weil es bald Winter wurde, begannen die kleinen Feldmäuse Körner, Nüsse, Weizen und Stroh zu sammeln.

Alle Mäuse arbeiteten Tag und Nacht. Alle – bis auf Frederick.

„Frederick, warum arbeitest du nicht?“, fragten sie.

„Ich arbeite doch“, sagte Frederick, „ich sammle Sonnenstrahlen für die kalten, dunklen Wintertage.“

Und als sie Frederick so dasitzen sahen, wie er auf die Wiese starrte, sagten sie: „Und nun, Frederick, was machst du jetzt?“

„Ich sammle Farben“, sagte er nur, „denn der Winter ist grau.“

Und einmal sah es so aus, als sei Frederick halb eingeschlafen.

„Träumst du, Frederick?“, fragten sie vorwurfsvoll.

„Aber nein“, sagte er, „ich sammle Wörter. Es gibt viele lange Wintertage – und dann wissen wir nicht mehr, worüber wir sprechen sollen.“

Als nun der Winter kam und der erste Schnee fiel, zogen sich die fünf kleinen Feldmäuse in ihr Versteck in den Steinen zurück.

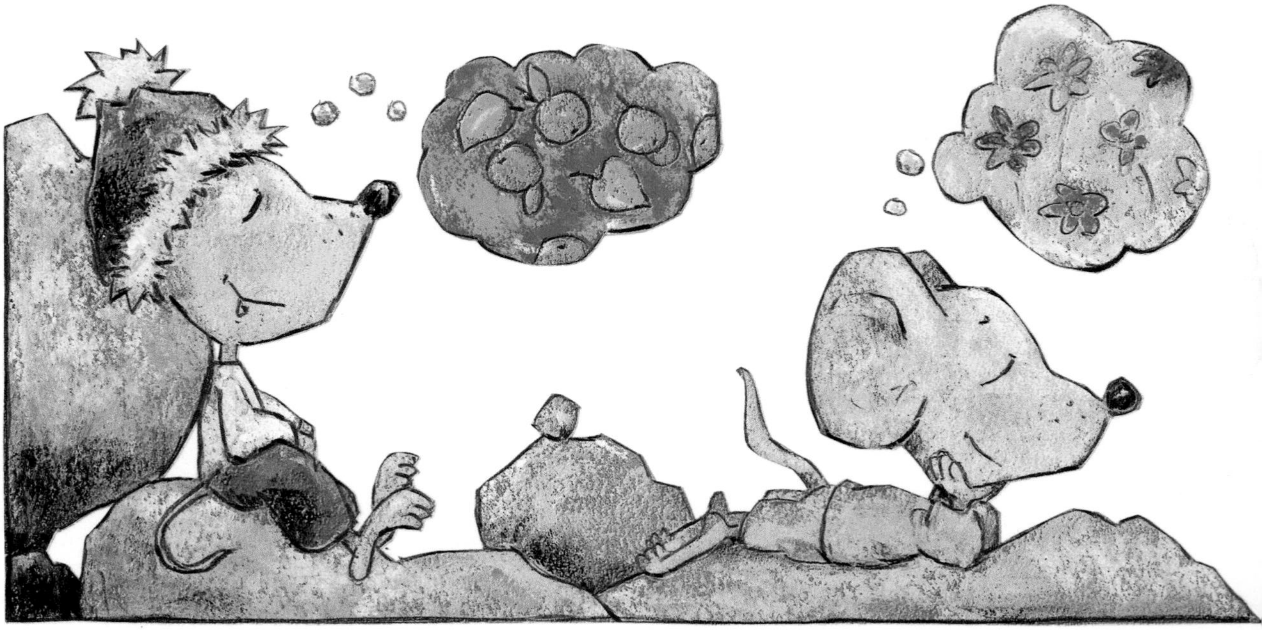

In der ersten Zeit gab es noch viel zu essen, und die Mäuse erzählten sich Geschichten über singende Füchse und tanzende Katzen.
Da war die Mäusefamilie ganz glücklich! Aber nach und nach waren alle Nüsse und Beeren aufgeknabbert, das Stroh war alle, und an Körner konnten sie sich kaum noch erinnern. Es war auf einmal sehr kalt zwischen den Steinen der alten Mauer, und keiner wollte mehr sprechen.
Da fiel ihnen plötzlich ein, wie Frederick von Sonnenstrahlen, Farben und Wörtern gesprochen hatte.
„Frederick!“, riefen sie, „was machen deine Vorräte?“
„Macht die Augen zu“, sagte Frederick und kletterte auf einen großen Stein. „Jetzt schicke ich euch die Sonnenstrahlen. Fühlt ihr schon, wie warm sie sind? Warm, schön und golden?“
Und während Frederick so von der Sonne erzählte, wurde den vier kleinen Mäusen schon viel wärmer.
Ob das Fredericks Stimme gemacht hatte? Oder war es ein Zauber?
„Und was ist mit den Farben, Frederick?“, fragten sie aufgeregt.
„Macht wieder eure Augen zu“, sagte Frederick.
Und als er von blauen Kornblumen und roten Mohnblumen im gelben Kornfeld und von grünen Blättern am Beerenbusch erzählte, da sahen sie die Farben so klar und deutlich vor sich, als wären sie aufgemalt in ihren kleinen Mäuseköpfen.

„Und die Wörter, Frederick?“

Frederick räusperte sich, wartete einen Augenblick, dann sprach er wie von einer Bühne herab:

„Wer streut die Schneeflocken? Wer schmilzt das Eis?
Wer macht lautes Wetter? Wer macht es leis?
Wer bringt den Glücksklee im Juni heran?
Wer verdunkelt den Tag? Wer zündet die Mondlampe an?
Vier kleine Feldmäuse wie du und ich
wohnen im Himmel und denken an dich.
Die erste ist die Frühlingsmaus, die lässt den Regen lachen.
Als Maler hat die Sommermaus die Blumen bunt zu machen.
Die Herbstmaus schickt mit Nuss und Weizen schöne Grüße.
Pantoffeln braucht die Wintermaus für ihre kalten Füße.
Frühling, Sommer, Herbst und Winter sind vier Jahreszeiten.
Keine weniger und keine mehr. Vier verschiedene Fröhlichkeiten.“

– Als Frederick aufgehört hatte, klatschten alle und riefen: „Frederick, du bist ja ein Dichter!“

Frederick wurde rot, verbeugte sich und sagte bescheiden: „Ich weiß es – ihr lieben Mäusegesichter!“

Leo Lionni

- Ihr könnt die Geschichte von Frederick mit Stabpuppen aufführen. Dazu müsst ihr einteilen, wer welche Rolle übernimmt.
- Schreibt auf, was der Erzähler, Frederick und die anderen Mäuse sagen. Ihr könnt auch zusätzliche Aussprüche erfinden.

Erzähler: *Rund um die Wiese herum …*
Erste Maus: *Frederick, warum arbeitest du nicht?*

Feldmäuse

Feldmäuse leben in Gruppen mit bis zu 20 Tieren zusammen.
Unter der Erdoberfläche legen sie weit verzweigte Gänge an, in denen sich Nest- und Vorratskammern befinden. Ins Freie führen viele Ausgänge, die durch Laufstraßen miteinander verbunden sind. Diese Laufstraßen nennt man „Wechsel“.

Da Feldmäuse keinen Winterschlaf halten, benötigen sie auch im Winter Nahrung und Wärme. Darum graben sie ihre Löcher vorwiegend in Böden, die durch abgestorbene oder dick verfilzte Gräser und andere Pflanzen geschützt sind. Auch bei Schnee müssen die Mauselöcher jederzeit frei zugänglich sein.

Im Sommer gehen Feldmäuse tagsüber auf Nahrungssuche. Im Herbst und Winter hingegen spüren sie nachts ihr Futter auf.
Feldmäuse fressen hauptsächlich die grünen Teile von Gräsern und Kräutern, aber auch Wurzeln und Rinde.
Im Sommer und Herbst bevorzugen sie Getreidekörner.

- Vergleiche den Sachtext über Feldmäuse mit der Geschichte „Frederick“.
- Sammelt weitere Informationen über Feldmäuse aus dem Lexikon oder im Internet.
- Was wisst ihr über Hausmäuse?
- Ihr könnt auch Hausmäuse und Feldmäuse miteinander vergleichen.

ÜBUNGEN

Wörtliche Rede

Tom und Lisa sitzen am Computer. Lisa ruft: Ich habe ein Gespenst in den Keller gescheucht! Tom erklärt: Es muss aber ganz aus deinem Schloss verschwinden. Lisa wird unsicher. Sie sagt: Hoffentlich kann ich das Gespenst durch das Kellerfenster schicken. Dann freut sich Lisa: Toll! Jetzt habe ich schon drei Gespenster besiegt!

1. Schreibe den Text ab.
2. Unterstreiche, was gesprochen wird.
   Setze die Anführungszeichen.

Im Wohnzimmer klingelt das Telefon. Lisa fragt Tom Willst du nicht abheben? Vielleicht sind das deine Eltern. Tom ist viel zu beschäftigt. Er antwortet Papa sagt immer, wenn es wichtig ist, rufen die Leute auch noch mal an. Ich muss dieses Spiel gewinnen.
Auch Lisa vergisst das Telefon gleich wieder. Sie ruft
Da musst du dich aber sehr anstrengen! Ich bin diesmal besser.

3. Schreibe den Text ab.
4. Unterstreiche grün, was Lisa sagt, und blau, was Tom sagt.
5. Setze die wörtliche Rede in Anführungszeichen.
   Ergänze die Doppelpunkte hinter den Begleitsätzen.

Die Endsilbe -chen

Kommt das Häschen,	(der Hase)	Kommt das … ,	(das Wiesel)
zeigt sein … .	(die Nase)	zeigt sein … .	(der Kiesel)
Kommt das … ,	(das Schwein)	Kommt das … ,	(die Maus)
zeigt sein … .	(das Bein)	huscht ins … .	(das Haus)

6. Schreibe die Reime vollständig auf.
7. Du kannst den Vers auch ohne die Verkleinerungsform aufschreiben.

ÜBUNGEN

Satzglieder

Vergiss auch nicht
die Fragesätze.

Jonas beobachtet stolz den Flug seines Drachens.
Am späten Nachmittag geht er nach Hause.

1. Schreibe die Sätze ab.
2. Bilde so viele Sätze wie möglich, indem du die Wörter umstellst.
3. Unterstreiche die Satzglieder.

Jonas	einen	der	bastelt	Schule	in	Drachen	
blauen	den	Himmel	steigt	hoch	Drachen	der	in

4. Bilde aus den Wörtern zwei Sätze und schreibe sie auf.
5. Stelle die Wörter so um, dass andere sinnvolle Sätze entstehen.
6. Unterstreiche die Satzglieder.

Texte verbessern durch Umstellen der Satzglieder

Das Fußballspiel

Die Sonne scheint **den ganzen Nachmittag.**
Jannik ist mit seinen Freunden im Park. Sie spielen
zusammen Fußball. Janniks Mannschaft führt 2:1.
Die Jungen vergessen **beim Spielen** völlig die Zeit.
Jannik erkennt **plötzlich** kaum noch den Ball.
Er schaut auf die Uhr. Er stellt **erstaunt** fest:
Es ist **jetzt** schon früh dunkel.
Er muss **nun** schnell nach Hause.

7. Stelle die Satzglieder so um, dass jeweils die dick gedruckten Wörter am Satzanfang stehen.
8. Übe den veränderten Text als Diktat.

Zusammengesetzte Nomen

Laub		Krone	Regen		Weg
Nadel		Rinde	Herbst		Rand
Gummi	Baum	Stamm	Märchen	Wald	Brand
Apfel		Wurzel	Laub		Beere
Pfirsich		Haus	Nadel		Ameise

❶ Bilde zusammengesetzte Nomen:
das Laub, der Baum: der Laubbaum, …

❷ Wonach richtet sich der Artikel beim zusammengesetzten Nomen? Unterstreiche diesen Teil des Wortes.

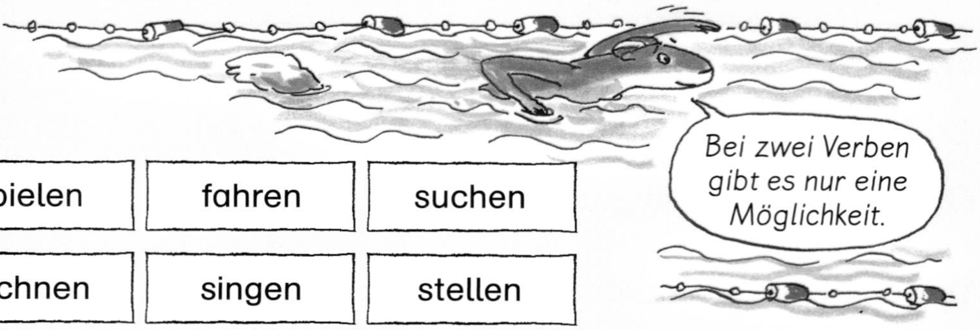

Bei zwei Verben gibt es nur eine Möglichkeit.

Vorsilben

vor-	spielen	fahren	suchen
ver-	rechnen	singen	stellen

❸ Bilde mit den Vorsilben vor- und ver- verschiedene Verben.

herumstochern	entdecken	befinden
anknabbern	verrotten	erkennen

Wenn du im Waldboden ______, kannst du unterschiedliche Schichten ______. Ganz oben liegt das frische Laub. Darunter ______ sich Blätter, die teilweise ______ wurden. Die unterste Schicht ist bereits ______. Hier kannst du gar keine Blätter mehr ______.

❹ Schreibe den Text mit den passenden Verben auf.

❺ Unterstreiche die Vorsilben der Verben.

ÜBUNGEN

Hannes fehlt S. 42

...
Aber morgens, als sie hier ausstiegen, hatte der Lehrer sie gezählt, und beim Mittagessen im Gasthaus hatte er sie wieder gezählt, und dann noch einmal nach dem Geländespiel. Da war Hannes also noch bei ihnen.
„Der ist immer so still“, sagte einer. „Von dem merkt man gar nichts. Aber er hat Sommersprossen.“
„Komisch, dass er keinen Freund hat“, sagte ein anderer, „ich weiß noch nicht einmal, wo er wohnt.“
Auch die anderen wussten das nicht.
„Ist doch egal“, sagten sie.
Sie begannen zu spielen.
Der Lehrer und der Busfahrer gingen jetzt den Waldweg hinauf.
Die Kinder sahen ihnen nach.

1. In diesem Abschnitt stehen zwei zusätzliche Sätze. Vergleiche mit der Geschichte.
2. Schreibe diese Sätze ab.

Pippa S. 44

Warum glauben die Kinder, dass Pippa nicht helfen kann?
Bei wem beschwert sich Pippa?
Wie sieht der Drachen aus?
Warum lässt Pippa die Drachenschnur los?
Was sagen die Kinder, nachdem der Drachen davongeflogen ist?
Warum denken die Kinder, dass Pippa weint?

3. Beantworte die Fragen schriftlich in ganzen Sätzen.

Fantasievolles, Geheimnisvolles

Die Traum-Muschel

Lea sitzt am Strand.
In der Hand hat Lea
eine große Muschel.
Lea hält die Muschel an ihr Ohr.
Lea schließt die Augen und lauscht.
Lea hört das Rauschen des Meeres.
Lea fühlt den warmen Sand
unter ihren Füßen.
Lea erblickt große weiße Vögel.
In der Ferne sieht Lea
silberne Fische tanzen.
Da kommt ein Boot angesegelt.
Ein silberner Fisch sitzt darin
und raucht eine Pfeife.

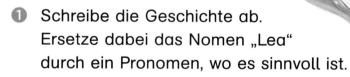

1. Schreibe die Geschichte ab.
   Ersetze dabei das Nomen „Lea“
   durch ein Pronomen, wo es sinnvoll ist.
2. Übe die Geschichte als Diktat.
3. Schreibe die Geschichte weiter.
   Was könnte in Leas Traum noch passieren?

Ein Gedicht übers Träumen findest du auf S. 69.

Muschel schließen tanzen Pfeife Boot

Eine Seifenblasengeschichte

Tom erzählt:
Mir ist etwas ganz Unglaubliches passiert!
Ich habe eine Seifenblase gemacht.
Und dann ist sie groß geworden.
Und dann ist sie noch größer geworden.
Und dann ist plötzlich ein Loch in der Seifenblase gewesen.
Und dann bin ich durch das Loch in die Seifenblase gekrochen.
Und dann ist sie losgeflogen!
Und dann habe ich das ganze Land von oben gesehen!

Und dann ist mir schlecht geworden.

❶ Was fällt dir an Toms Erzählweise auf?

❷ Schreibe die Geschichte ab und setze dabei andere Satzanfänge für „Und dann" ein. Diese Wörter können dir helfen:

auf einmal	plötzlich	da	nach einiger Zeit	danach	sofort

❸ Versuche die Geschichte noch lebendiger zu erzählen, indem du Adjektive einsetzt.
Diese Wörter können dir helfen:

bunt	klein	spannend	riesig	toll

plötzlich sofort spannend riesig toll

Opa erzählt

Markus und Lisa besuchen ihren Opa. Er hat ein Häuschen an einem See. Es gibt Tee und Blaubeertorte. Lisa fragt: „Ist es nicht unheimlich, so allein hier zu wohnen?" „Ach", antwortet ihr Großvater, „hier ist es schön ruhig. Gruselig war es früher im Moor. Damals gab es kein elektrisches Licht. Im Dunkeln war es tatsächlich ziemlich schaurig und gefährlich! Viele versanken im Moor. Es gab Geschichten über Moorgeister, Hexen und Irrlichter 📖."

❶ Warum war das Moor früher gefährlich?
Schreibe deine Antwort auf.

❷ Im Text findest du Wörter mit doppelten Vokalen. Schreibe sie auf.

❸ Im Text stehen Wörter mit den Endsilben -ig und -lich.
Trage sie in eine Tabelle ein.

Ob ein Wort am Ende mit -ig oder mit -lich geschrieben wird, hörst du, wenn du es verlängerst: fröhlich – fröhliche, selig – selige.

schaur-	traur-	lieb-	schreck-	nöt-	glück-	gift-	heim-

❹ Schreibe die Wörter mit den richtigen Endsilben auf.
Bilde einen Satz mit jedem Wort.

Viele Wörter mit -ig findest du im Gedicht auf S. 77.

ziemlich ruhig tatsächlich gefährlich unheimlich

Die Moorhexe

Mitten im Moor lebte eine Hexe. Alle, die ihr begegneten, verwandelte sie in Bäume. Eines Tages fragte ein Liebespaar sie nach dem Weg. „Dreh dich um, Bürschchen", knurrte die Alte, „wirst deinen Weg schon finden." Aber da war der Unglücksrabe auch schon in eine Erle verwandelt. In Todesangst irrte das Mädchen durch das Moor. Da sah sie am Wegesrand eine Alraune 📖. Weil diese Zauberkräfte besaß, eilte das Mädchen mit der Wurzel zurück. Es berührte den Baum damit und der Jüngling stand wieder vor ihr. Um Haaresbreite waren sie davongekommen!

1. Wie stellst du dir die Moorhexe vor? Beschreibe oder male sie.
2. Im Text findest du zusammengesetzte Nomen. Schreibe sie heraus.

> Manche zusammengesetzte Nomen werden mit einem -s oder -es verbunden. Der Artikel richtet sich nach dem zweiten Nomen.

3. Einige Nomen sind mit einem -s oder -es verbunden. Markiere diese Verbindungen farbig.

der König	der Liebling	der Geist	der Geburtstag
der Blitz	der Tiger	das Essen	die Kerze

4. Bilde zusammengesetzte Wörter aus den Nomen.
5. Ihr könnt Geschichten über Moorgeister sammeln und zu einem Buch zusammenstellen.

Es gibt auch Geschichten über freundliche Hexen. S. 70

Ein unheimlicher Traum

Am nächsten Morgen erzählt Lisa:
„Ich hatte einen unheimlichen Traum. Ich musste in der Finsternis durch das Moor gehen. Plötzlich sah ich eine unbekannte Erscheinung. Einen Moorgeist! Er wollte mich ins Moor stoßen. Doch da erschien der Mond und der Moorgeist war verschwunden. Nun war ich in Sicherheit. Was für eine unglaubliche Erleichterung, dass alles in Wirklichkeit nur ein Traum war!“

❶ Lies den Text.

Wörter mit den Endsilben -heit, -keit, -schaft, -nis und -ung sind Nomen und werden deshalb großgeschrieben.

❷ Im Text findest du Nomen mit den Endsilben -heit, -keit, -nis und -ung. Schreibe sie heraus.

tapfer	feige	fröhlich	krank	ehrlich
gesund	traurig	verlogen	schön	hässlich

❸ Bilde aus diesen Adjektiven Nomen mit den Endsilben -keit oder -heit.

❹ Stelle nun Gegensatzpaare zusammen.

Die Vorsilbe un- verkehrt Adjektive oft ins Gegenteil: klar – unklar.

❺ Schreibe die Adjektive mit der Vorsilbe un- aus dem Text heraus.

glücklich	schuldig	ehrlich	günstig	gefährlich

❻ Schreibe die Adjektive ab und bilde ihre Gegensätze.

Ausflug ins Moor

Ich möchte Moorgeister sehen.
Gibt es Pflanzen, die nur im Moor wachsen?
Linda
Merle
Was wird heute mit dem Moor gemacht?
Lasst uns Gruselgeschichten erfinden!
Ali
Ich möchte eine Nachtwanderung machen.
Martin
Im Moor bei Nacht? Das ist mir zu gefährlich!
Markus
Lisa
Ich möchte eine Maus fangen.

1. Schreibe in wörtlicher Rede auf, was die Kinder sagen.
   So kannst du anfangen: *Linda sagt: „Ich möchte …*

2. Sammle Verben zum Wortfeld „sprechen". Ordne sie in eine Tabelle.

leise sprechen	*normal sprechen*	*laut sprechen*
raunen	*reden*	*brüllen*

3. Prüfe deinen Text. Setze andere Verben ein, wenn du mehrmals das Wort „sagen" verwendet hast.

Im Spukschloss

Bei ihrem Ausflug gelangen die Freunde zu einem alten Schloss. Neugierig gehen sie durch die knarrende Tür ins Innere. Plötzlich keucht Linda: „Psst, was ist das für ein Geräusch?" Ali lauscht. Dann sagt er: „Das ist eine Eule oder ein Käuzchen, das hört man doch!" Sie schleichen durch das alte Gemäuer. Die Küche hat eine offene Feuerstelle und alte verräucherte Töpfe hängen an den Wänden. Durch den Schornstein fährt leise säuselnd der Wind. Auf einmal läutet eine Glocke. Erschrocken fahren die Kinder zusammen. Lisa sagt: „Glaubst du, dass es hier spukt?" Ali antwortet: „Schon möglich! Ich möchte mal ein Gespenst sehen, aber ich glaube, hier gibt es höchstens Fledermäuse 📖 !"

1. Wie könnte die Geschichte weitergehen?

2. Ordne alle Wörter mit eu oder äu in einer Tabelle.
   Wörter mit äu kannst du oft von Wörtern mit au ableiten.

Was eine Wolke mit einem alten Haus machte, liest du auf S. 72.

Das Schloss

Das Schloss ist sehr alt.
Es steht auf einem hohen Berg.
Das Dach ist zerfallen.
Kleine Täubchen fliegen um die Türme.
Eulen brüten in dem alten Gemäuer.
Nachts sieht man oft einen hellen Schein.
Vielleicht sind das Gespenster?
Vielleicht auch nur Landstreicher?
Wer weiß das schon?
Aber alle Leute finden es unheimlich.

❸ Übe den Text als Diktat.

Gem●●er	B●●te	L●●te	h●●te morgen	T●●bchen
H●●ser	F●●er	Kr●●ter	Vogelsch●●che	B●●me

❹ Schreibe die Wörter ab und setze eu oder äu ein.

❺ Schreibe verwandte Wörter zu den Wörtern mit äu auf.
Schreibe so: *das Gemäuer – die Mauer, …*

Ein Schnellsprechvers

Der Leutnant von Leuthen
befahl seinen Leuten,
nicht eher zu läuten,
bis der Leutnant von Leuthen
den Leuten das Läuten befahl.

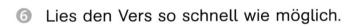

❻ Lies den Vers so schnell wie möglich.

❼ Erkläre, warum in dem Vers zwei Wörter mit äu geschrieben werden.

Eule Leute heute Kräuter Feuer

Wolkentiere

Raphael und Annika liegen im Gras.
Große weiße Wolken segeln über ihnen entlang.

Annika: „Guck mal, ein Schiff!"
Raphael: „Ein Segelschiff."
Annika: „Und dahinter ist ein Paddelbootfahrer."
Raphael: „Da fliegt eine Ziege."
Annika: „Und dort ein Pinguin."
Raphael: „Jetzt kommt eine Kuh!"
Annika: „Ja, eine Riesenkuh."
Raphael: „Vielleicht eine Superriesenkuh."

❶ Schreibe den Text ab und trenne dabei die Wörter.

> Wörter werden nach Sprechsilben getrennt. Dabei werden Doppelkonsonanten meistens getrennt: An - ni - ka, aber: be - kannt.

Ein Wolkengedicht

Auf den Wolkenschiffen sind
Vater, Mutter und ein ____
Danach folgt ein Riesenhaus,
auf dem Dach hockt eine ____
Ist das nächste wohl ein Hahn
oder mehr ein Backen____
Danach kommt ein Regenwurm
oder ist's ein schiefer ____
Ganz egal, das nächste ist
klar – ein Hahn ist's auf dem ____

❷ Schreibe das Gedicht mit den richtigen Satzzeichen ab.
Setze dabei die Reimwörter ein.

Eine Fantasiegeschichte kannst du auf S. 74 lesen.

Raphaels Geschichte

Die Kuh hat plötzlich große Flügel.
Die Ziege besitzt noch größere Flügel
und verfolgt einen Löwen.
Die größten Flügel hat der Pinguin,
der immer darüber stolpert.
Der Hals der Giraffe ist lang.
Der Hals des Tigers ist noch länger,
und er trägt einen blauen Schal.
Am längsten ist der Hals der Gans,
die mitleidig auf die Giraffe herabsieht.

❶ Schreibe die Geschichte ab und unterstreiche alle Adjektive.

Mit Adjektiven kann man vergleichen:
- genauso **groß** wie (Grundstufe)
- **größer** als (Höherstufe)
- **am größten** (Höchststufe).

klein

groß

schnell

jung

❷ Bilde Sätze. Schreibe so:
Die Katze ist klein. Die Maus ist kleiner. Die Ameise ist am …

❸ Du kannst eigene vergleichende Sätze aufschreiben.

Meeresgeschichten

- Suche dir eine Muschel aus, zu der du eine Geschichte schreiben möchtest.
- Notiere dir kurz das Wichtigste.
- Schreibe deine Geschichte auf. Gliedere sie dabei in Einleitung, Hauptteil und Schluss.

Da lieg ich im Bett

Da lieg ich im Bett, die Augen zu,
was Schönes will ich mir denken.
Ich stelle mir vor, mein Bett ist ein Boot,
das die Wellen heben und senken.

Ich lasse mich schaukeln, hinauf und hinab,
und rings um meinen Kahn
glitzert, so weit das Auge reicht,
friedlich der Ozean.

Herrlich ist das! – Allmählich aber
werde ich höher gehoben
und sinke tiefer hinab ins Tal.
Die Wellen werden zu Wogen.

Die eiligen, schwarzen, von Gischt gekrönt,
immer wilder donnern sie her.
Und ich im Boot, verlassen, verloren
weit draußen im tobenden Meer!

Jetzt aber – o Schreck! – eine Wasserwand,
eine haushohe, wandert heran.
Sie ragt vor mir hoch. Sekunden noch,
dann ist es um mich getan.

Mit mir ist es aus! Da fällt mir ein
im letzten Augenblick:
Es gibt noch ein Mittel, ein einziges noch,
ich habe noch einen Trick.

Ich mache meine Augen auf.
Und liege wieder in meinem Bett
im Zimmer.
Welch ein Glück!

Josef Guggenmos

Führen Sie Besen?

Was tut eine kleine Hexe, die wund gelaufene Füße hat? Sie braut eine Salbe aus Kröteneiern und Mäusedreck, rührt eine Hand voll gemahlene Fledermauszähne darunter und lässt sie am offenen Feuer gar kochen. Wenn sie die wunden Stellen mit dieser Salbe bestreicht und dabei einen Spruch aus dem Hexenbuch murmelt, heilen die Füße in wenigen Augenblicken.

„So, das hätten wir nun!“, sagte die kleine Hexe erleichtert, als Salbe und Hexenspruch ihre Wirkung getan hatten.

„Brauchst du jetzt nicht mehr zu humpeln?“, fragte Abraxas.

„Sieh selbst!“, rief die kleine Hexe und tanzte auf bloßen Füßen durchs Hexenhaus. Danach zog sie Schuhe und Strümpfe an.

„Willst du ausgehen?“, staunte der Rabe.

„Ja, du kannst mitkommen“, sagte die kleine Hexe. „Ich gehe ins Dorf.“

„Das ist weit“, sprach Abraxas. „Vergiss nicht: Du hast keinen Besen mehr, du musst laufen!“

„Das ist es ja eben! Ich möchte nicht länger zu Fuß gehen müssen. Und weil ich nicht länger zu Fuß gehen möchte, so muss ich ins Dorf gehen.“

„Willst du dich über mich lustig machen?“

„Wieso denn? Ich will, wenn du nichts dagegen hast, einen Besen kaufen.“

„Das ist etwas anderes“, sagte Abraxas, „dann komme ich selbstverständlich mit. Sonst könnte es sein, dass du wieder so lange ausbleibst!“ …

Sie kamen ins Dorf und betraten den Laden des Krämers Balduin Pfefferkorn. Herr Pfefferkorn dachte sich weiter nichts, als die kleine Hexe mit ihrem Raben zur Tür hereinkam. Er hatte noch nie eine Hexe gesehen. Deshalb hielt er sie für ein ganz gewöhnliches altes Weiblein aus einem der Nachbardörfer.

Er grüßte; sie grüßte zurück. Dann fragte Herr Pfefferkorn freundlich:

„Was darf es denn sein?“

Als Erstes kaufte die kleine Hexe ein Viertelpfund Kandiszucker. Dann hielt sie die Tüte dem Raben unter den Schnabel. „Bitte, bediene dich!“

„Danke schön!“, krächzte Abraxas.

Herr Pfefferkorn staunte nicht schlecht. „Das ist aber ein gelehriger Vogel!“, sagte er anerkennend, bevor er fortfuhr: „Was wünschen Sie außerdem?“

„Führen Sie Besen?“, fragte die kleine Hexe.

„Gewiss doch!“, sagte Herr Pfefferkorn. „Handbesen, Küchenbesen und Reisigbesen. Und auch Schrubber natürlich. Und wenn Sie vielleicht einen Staubwedel brauchen ...“

„Nein danke, ich will einen Reisigbesen.“

„Mit Stiel oder ohne?“

„Mit Stiel“, verlangte die kleine Hexe. „Der Stiel ist das Wichtigste. Aber er darf nicht zu kurz sein.“

„Wie wäre dann dieser hier?“, meinte Herr Pfefferkorn diensteifrig.

„Besen mit längeren Stielen sind im Augenblick leider ausgegangen.“

„Ich glaube, er reicht mir“, sagte die kleine Hexe, „ich nehme ihn.“

„Darf ich den Besen ein wenig zusammenschnüren?“, fragte Herr Pfefferkorn. „Wenn ich ihn etwas zusammenschnüre, trägt er sich besser ...“

„Sehr aufmerksam“, sagte die kleine Hexe, „aber das braucht’s nicht.“

„Ganz wie Sie wünschen.“ Herr Pfefferkorn zählte das Geld nach und brachte die kleine Hexe zur Tür. „Habe die Ehre, auf Wiedersehen, gehorsamster ...“ „Diener“, wollte er noch hinzufügen. Aber da blieb ihm die Luft weg.

Er sah, wie die Kundin den Besenstiel zwischen die Beine klemmte. Sie murmelte etwas, und huiii! flog der Besen mit ihr und dem Raben davon. Herr Pfefferkorn traute seinen Augen nicht. Gott behüte mich! dachte er. Geht das mit rechten Dingen zu – oder träume ich?

Otfried Preussler

Was die Wolke mit dem alten Haus machte

Das Haus Butterblumenweg Nr. 7 war ein altes Haus mit Giebeln und Türmchen und verschnörkelten Gittern vor den Erkerfenstern. Und es hatte schon dagestanden, als der Butterblumenweg wirklich noch ein Weg war und mitten durch eine Wiese voller Butterblumen führte. Es hatte gute und schlechte Zeiten mitgemacht, hatte alte und junge Menschen in seinen Zimmern gesehen und Sonne und Regen mit Gleichmut ertragen. Und es hatte zum Schluss miterlebt, wie die Butterblumenwiese sich auf seltsame Weise verwandelte. Wie sie zerteilt wurde in kleine und große Gärten, in denen himmelhohe oder flunderflache Häuser standen; in geteerte Straßen, die Asternweg, Dahlienweg oder, nun ja, Butterblumenweg hießen.

Das Haus Nr. 7 war weise genug zu wissen, dass alle Dinge auf der Welt irgendwann einmal nicht mehr neu waren. Und dass auch ein Haus eines Tages verbraucht sein und abgerissen werden würde. Aber es hatte sich sein Alter doch ein bisschen anders vorgestellt. Weniger einsam – und weniger schäbig.

Und so ächzte und stöhnte es jetzt manchmal vor Kummer, dass sich die Balken bogen und die Ziegel auf dem Dach beängstigend klapperten. „Es ist kalt!“, sagten die Leute, die vorübergingen, und schlugen ihre Mantelkrägen hoch, „es ist so kalt, dass sogar die Mauern von Nr. 7 zittern.“ Das hörte eine dicke Schneewolke, die gerade über dem alten Haus schwebte.

„Was ist los mit dir? Frierst du?“, rief sie herunter.

„Ein bisschen“, sagte das alte Haus, „meine Zimmer sind leer und meine

Öfen kalt und die letzten Mieter längst ausgezogen. Meine Fenster sind kahl und die Scheiben darin gesprungen, und es ist schlimm, dass man mich so verkommen lässt. Denn seit der Herbststurm die Blätter vom Wein gerissen hat, sieht man erst richtig, wie grau und verbraucht ich bin.“

„Hm!“, sagte die dicke Wolke und überlegte die Sache. Das alte Haus tat ihr Leid, und sie hätte ihm gerne geholfen.

„Hast du niemanden, der dir ein bisschen Gesellschaft leistet?“, fragte sie.

„Nein“, sagte das alte Haus, „den Sommer über wohnten wenigstens noch ein paar Vögel unter meinem Dach. Aber sie sind schon lange nach Süden gezogen, und nun bin ich ganz allein.“

Die Wolke nickte und ließ ein paar Schneeflöckchen entwischen, die vorwitzig aus ihrem Wolkentor hinausdrängten. Nachdenklich sah sie zu, wie sie hinabschwebten und auf das Dach des alten Hauses fielen, wo sie ein hübsches Schuppenmuster malten.

„Ich hab's!“, rief da die Wolke und klopfte sich freudig auf ihren dicken Schneebauch. „Ich werde dir helfen, für ein paar Tage so schön zu sein wie früher. Willst du?“

Margot Keinke

- Wie will die Wolke das alte Haus verschönern?
- Schreibt eure Einfälle auf und vergleicht sie.
- Ihr könnt auch dazu malen.

Fines Traumtag

Fine ging zur Schule. Sie beeilte sich, es war schon spät. Am Hafen war es sehr windig. Sie wurde fast ins Wasser geweht. „Wind“, sagte sie. „Weh nicht so. Siehst du denn nicht, dass ich fast …“ Da packte sie der Wind und warf sie auf ein Müllschiff, das gerade vorbeikam. „Aua“, sagte Fine und schaute sich um. Sie saß zwischen lauter Teebeuteln und Apfelsinenschalen.

„Was machst du denn hier?“, fragte die Silbermöwe. „Ich bin auf dem Weg zur Schule“, sagte Fine. „Bist du nicht“, sagte die Möwe. „Du bist auf dem Weg zur Müllverbrennung.“

„Oh, hilf mir“, sagte Fine. „Warum sollte ich?“, sagte die Möwe. „Ich kenne dich doch gar nicht.“ „Ich will nicht verbrennen“, sagte Fine und kletterte über Bord. „Du hast deine Schultasche vergessen“, rief ihr die Silbermöwe nach.

Fine schwamm im Wasser. „Wie kalt das ist“, dachte sie, „und wie weit weg das Ufer ist.“ Neben ihr schwamm eine Ente. „Hilf mir!“, rief Fine. „Nö“, sagte die Ente. „Ich hab mit mir selbst genug zu tun.“ „Dann ertrinke ich aber“, sagte Fine. „Stell dich nicht so an!“, sagte die Ente. „Du siehst doch, dass da eine Insel ist.“

Mitten im Fluss war eine Insel. Fine kletterte ans Ufer. „Wer bist du?“, fragte das Kaninchen. Aber Fine konnte nicht antworten. Sie zitterte und klapperte mit den Zähnen. „Komm mal mit“, sagte das Kaninchen. „Ich hab ein Handtuch für dich.“ Im Kaninchenbau war es warm. Fine setzte sich nah an den Ofen. Nach einer Weile hörte sie auf zu zittern. „Wie heißt du?“, fragte das Kaninchen. „Josefine“, sagte Fine, „aber alle sagen Fine. Und ich bin auf dem Weg zur Schule.“ „Die muss dann aber am anderen Ufer sein“, sagte das Kaninchen. „Hier auf der Insel gibt es keine Schule.“

„Kannst du mich ans andere Ufer bringen?“, fragte Fine. „Nein“, sagte das Kaninchen. „Kaninchen können das nicht. Reiher oder Gänse schon, aber Kaninchen, nein, die können das nicht.“ „Dann muss ich los und die Reiher und die Gänse suchen“, sagte Fine.

Sie dankte dem Kaninchen und kroch nach draußen. Draußen schneite es. In den Bäumen saßen Krähen. „Was machst du da im Schnee, dummes Kind?“, riefen sie Fine zu. „Ich suche die Reiher oder die Gänse“, rief Fine. „Wisst ihr vielleicht …?“ „Geh rein“, riefen die Krähen. „Das hier ist kein Wetter für Kinder.“

„Rein“, dachte Fine. „Rein, das heißt, in den Kaninchenbau.“ Und sie machte kehrt, um den Kaninchenbau zu suchen. Aber der Schnee hatte ihre Fußspuren schon verdeckt und den Kaninchenbau konnte sie nicht mehr finden. Ihre Füße wurden nass und Schneeflocken fielen ihr in den Nacken.

„Hilf mir!“, sagte sie zu dem Rotkehlchen. „Ich kann nichts für dich tun“, sagte der Vogel. „Ich bin nur ein unbedeutendes kleines Tier.“
„Dann weine ich jetzt“, sagte Fine und sie spürte, wie ein Schluchzer in ihr hochkroch und hinaussprang. Es folgte ein zweiter Schluchzer, dann ein dritter und dann kamen noch ganz viele.

„Was ist denn mit dir los?“, fragte der Fuchs. „Du hast doch hoffentlich keine Angst vor so ein bisschen Schnee?“
„Ich suche den Kaninchenbau“, sagte Fine. „Ich hab mich verlaufen.“
„Du stehst doch genau drauf, du dummes Kind“, sagte der Fuchs. Mit einer Pfote fegte er den Schnee weg, und wirklich, da war die Tür zum Kaninchenbau.

Patsy Backx

- Was wird Fine nun wohl erleben?
- Du kannst den Traum weiterschreiben.

Tiger-Jagd

Wer Lust hat, kann an Regentagen
auch hierzulande Tiger jagen.

Es lohnt zum Beispiel der Versuch
der Tigerjagd im Wörterbuch.

Dort spielt der Tiger mit den Jungen
im Quellgebiet der Steigerungen:

Ein Lus-Tiger, ein Präch-Tiger,
ein Läs-Tiger, ein Mäch-Tiger,

ein Hef-Tiger, ein Gran-Tiger,
ein Bors-Tiger, ein Kan-Tiger,

ein Kräf-Tiger, ein Saf-Tiger,
ein ganz und gar Wahrhaf-Tiger,

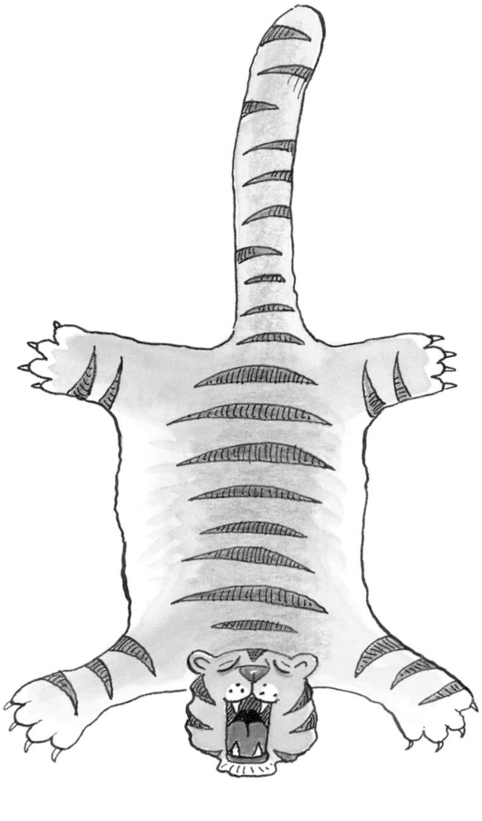

ein Ar-Tiger, ein Bär-Tiger,
und manchmal ein Verfer-Tiger

von Bildern und Geschichten,
der so ein Spiel erfinden kann,
von dem wir hier berichten.

Man braucht zu dieser Tigerjagd
kein Netz und kein Gewehr,

und wer ein bisschen überlegt,
der findet noch viel mehr.

Hans Georg Lenzen

- Findest du noch mehr Tiger-Wörter?
  Dann kannst du weiterdichten.

ÜBUNGEN

Pronomen

Nicht immer ist ein Pronomen sinnvoll!

Merle hat eine Puppe.
Merles Puppe heißt Maxi.
Merle spielt gern mit der Puppe.
Am liebsten zieht Merle der Puppe neue Kleider an. Aber Mama will Merle nicht immer welche kaufen.
Dann fragt Merle Opa.

❶ Setze Pronomen ein, damit die Geschichte besser klingt.
Schreibe den Text auf.

Mit Adjektiven treffend beschreiben

Peter sieht im Schaufenster ein Auto.
Das möchte er kaufen.
Er sagt zu dem Verkäufer:
„Ich möchte das Auto dort haben."
„Welches? Da stehen fünf verschiedene",
antwortet der Verkäufer.

❷ Welches Auto könnte Peter kaufen?
Beschreibe ein Auto.
Die folgenden Wörter können dir helfen:

hoch	kurz	breit	sportlich	schnittig	lang	niedrig

❸ Lass ein anderes Kind raten, welches Auto du gemeint hast.

❹ Beschreibe ein Kind deiner Klasse.
Lass die anderen raten, wer gemeint ist.

❺ Bilde die Vergleichsstufen der Adjektive.
Schreibe so: *hoch – höher – am höchsten, …*

ÜBUNGEN

Wörter mit den Endsilben -ig und -lich

Wellensittiche
Meine Vögel sind sehr nied ,
aber nicht besonders fried .
Lust fliegen sie durchs Zimmer,
zwitschern tun sie beinah' immer.

Häuf ist ihr Bauer schmutz ,
aber trotzdem sind sie putz .
Wirk ruh sind sie nie –
doch wir alle lieben sie.

Ute Schimmler

Manchmal musst du Buchstaben am Ende weglassen.

1. Schreibe den Text ab.
Setze -ig oder -lich ein.

Eis	Sonne	Frost	Frieden
Hitze	Geduld	Ehre	Ruhe
Freund	Sache	Ärger	Feind

2. Bilde Adjektive mit den Endsilben -ig oder -lich.

3. Was kann so sein?
Schreibe so: *eisig – ein eisiger Wind, …*

lästig	hässlich	ängstlich	tatsächlich	mächtig

4. Bilde aus den Adjektiven Nomen ohne die Endsilben -ig und -lich.
Schreibe die Nomen mit Artikel auf.

5. Schreibe mit jedem Nomen einen Satz.

ÜBUNGEN

Wörter mit den Endsilben -heit, -keit, -ung

Lisas Haus lag in einiger Entfernung zur Straßenbahn.

Sie ging ungern in der durch den Park.

Dunkelheit	Helligkeit

Aber sie musste ihre überwinden.

Feigheit	Tapferkeit

Endlich sah sie mit ihr Elternhaus.

Ängstlichkeit	Erleichterung

Jetzt war sie in .

Einsamkeit	Sicherheit

1. Schreibe die Geschichte ab und setze dabei die richtigen Wörter ein.
2. Markiere die Endsilben -heit, -keit und -ung.
3. Bilde weitere Nomen mit den Endsilben -heit, -keit und -ung.

Wörter mit der Vorsilbe un-

sauber	ehrlich	zuverlässig	freundlich	genau

4. Bilde Gegensatzpaare, indem du die Vorsilbe un- benutzt.
5. Schreibe mit allen Adjektiven Sätze.
6. Bilde Nomen aus allen Adjektiven mit den Endsilben -heit und -keit. Schreibe so: *sauber – die …*

ÜBUNGEN

Was die Wolke mit dem alten Haus machte

S. 72

	ja	nein
Die Butterblumenwiese wurde in Gärten zerteilt.	S	R
Die Butterblumenwiese wurde in Felder zerteilt.	E	C
Eine Wolke hört die Klagen des Hauses.	H	G
Die Leute hören die Klagen des Hauses.	E	N
Die Scheiben in dem Haus sind beschlagen.	W	E
Die Scheiben in dem Haus sind gesprungen.	E	O
An dem Haus wächst Wein.	F	L
An dem Haus wächst Efeu.	K	L
Das Haus ist grau und verbraucht.	O	E
Das Haus ist weiß und lustig.	N	C
Im Sommer wohnen Vögel unter dem Dach.	K	B
Im Sommer wohnen Mäuse unter dem Dach.	F	E

1. Schreibe die jeweils zutreffenden Buchstaben auf, dann erhältst du ein Lösungswort.

Fines Traumtag

S. 74

Da packte sie der Wind und …

Mitten im Fluss …

Sie zitterte …

„Dann muss ich los …

Mit einer Pfote fegte …

2. Suche diese Satzanfänge im Text „Fines Traumtag“. Schreibe sie ab und ergänze den fehlenden Teil.

So ein Wetter!

Das Wetter morgen

Vom Südwesten wird milde Luft nach Deutschland geführt. Stärkere Wolkenfelder und zeitweiliger Sonnenschein beherrschen heute das Himmelsbild. Dabei bleibt es trocken. Mit Temperaturen zwischen 9 und 13 Grad wird es für die Jahreszeit recht mild. In der kommenden Nacht ist es wolkig und die Temperaturen sinken. Der Wind weht mäßig aus Südwest.

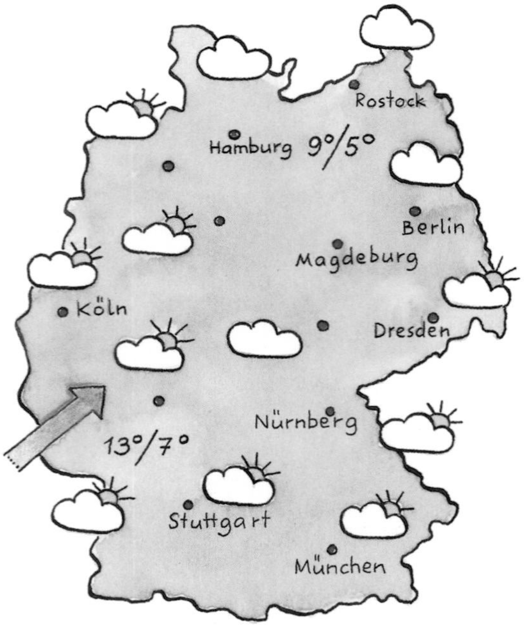

❶ Erzähle das vorhergesagte Wetter mit eigenen Worten.

❷ Schneide Wettervorhersagen aus Zeitungen aus.
Welche Begriffe wiederholen sich? Schreibe sie auf und erkläre sie.
Nutze das Lexikon.

Liebe Aysu,
ich grüße dich aus den Ferien in den Bergen. Es ist wunderschön hier! Weil gestern Morgen die Sonne schien, planten wir eine Wanderung. Was geschah? Wir waren eine Stunde unterwegs, als Wolken aufzogen. „Lasst uns umkehren!", rief meine Schwester. Aber was machten wir? Wir gingen weiter. Plötzlich ein Blitz! Es goss in Strömen. Wir wurden nass von Kopf bis Fuß.
Liebe Grüße
dein Markus

❸ Auch hier ist vom Wetter die Rede.
Erkläre den Unterschied zum Wetterbericht.

❹ Schreibe Aussage-, Frage- und Ausrufesätze geordnet auf.

Gutes Wetter? Schlechtes Wetter?

❶ Wie fühlen sich diese Menschen? Erzähle zu den Bildern.

 brennt heiß vom Himmel.
Fröhlich laufen zum Schwimmbad.
 schaut ratlos zum Himmel.
Durstig warten auf Regen.

die Pflanzen	der Bauer
die Kinder	die Sonne

❷ Schreibe die Sätze vollständig auf.

Auf die Frage **Wer?** oder **Was?** antwortet das Subjekt (der Satzgegenstand): Die Kinder schwimmen.
Wer schwimmt? **Die Kinder** schwimmen.

❸ Erfrage in den Sätzen die Subjekte und unterstreiche sie.

Die Kinder packen/ordnen ihre Badesachen.
Im Schwimmbad kaufen/suchen sie einen Liegeplatz.
Sie fahren/laufen zur Rutschbahn.

❹ Schreibe die Sätze richtig ab.

Auf die Frage **Was tut jemand?** oder **Was geschieht?** antwortet das Prädikat (die Satzaussage): Die Mädchen laufen.
Was tun die Mädchen? Die Mädchen **laufen.**

❺ Erfrage in den Sätzen die Prädikate und unterstreiche sie.

Anderes Wetter – andere Kleidung

Sina will mit der Bahn zu ihrer Freundin fahren, denn die wird zehn Jahre alt. Es ist schon 15 Uhr. Sie steht vor dem Schrank. Ob sie das grüne Kleid wählen soll? Aber der Wind weht so stürmisch. Außerdem ist es sehr kühl. Sina geht im Wohnzimmer hin und her. Dann zieht sie den Pullover mit den bunten Zahlen an. Sie sieht auf die Uhr. Die Bahn bekommt sie nicht mehr. Nun muss sie das Fahrrad nehmen.

❶ Lies deutlich die Wörter, bei denen man ein h nach einem Vokal schreibt. Wie sprichst du den Vokal?

Wird in einem Wort ein Vokal lang gesprochen, folgt oft ein Dehnungs-h.

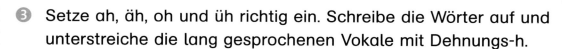

Ich wohne in einer Wohnung!

❷ Schreibe den Text ab.
Unterstreiche alle Wörter mit Dehnungs-h.

w●●nen bel●●nen str●●len

k●●len erz●●len erf●●ren z●●len

❸ Setze ah, äh, oh und üh richtig ein. Schreibe die Wörter auf und unterstreiche die lang gesprochenen Vokale mit Dehnungs-h.

Mit der Endsilbe -ung entsteht aus einem Verb ein Nomen:
rechnen – die Rechnung.

❹ Bilde aus den Verben Nomen. Schreibe so: *wohnen – die Wohnung, …*

Fahrrad fahren Zahl nehmen Jahr Bahn

Wettergedichte

Diese Haikus haben Kinder einer 3. Klasse geschrieben.

Haikus sind besondere Gedichte aus Japan.
Sie haben oft die Natur zum Thema und bestehen aus:
- der Überschrift,
- der ersten Zeile mit **fünf** Silben,
- der zweiten Zeile mit **sieben** und
- der dritten Zeile wieder mit **fünf** Silben.

1. Schreibe die Haikus in Silben getrennt ab und zähle sie.
2. Schreibe auch Haikus.
   Folgende Zeilen können dir helfen:

Wind
Der Wind bläst so kalt.
____
____

Schnee
____
Schnee fällt auf meine Nase.
____

3. Du kannst auch eigene Haikus schreiben.
4. Gestalte dein Haiku mit Bildern oder Fotos.

Aprilwetter

Am Morgen regnet es in Strömen. Aber um 11 Uhr ziehen die Wolken weg. Die Sonne schaut erst am Mittag hervor. Wir wagen uns aus dem Haus.
Doch am Nachmittag kommt kühler Wind auf. Für den Abend wird sogar ein Schneeschauer vorausgesagt. Und morgen gibt es wieder anderes Wetter.
So ist der April!

❶ Was ist das Besondere am Aprilwetter? Erzähle.

Auf die Frage **Wann?** oder **Wie lange?** antwortet die Bestimmung der Zeit: Am Nachmittag scheint die Sonne.
Wann scheint die Sonne? **Am Nachmittag** scheint die Sonne.

❷ Schreibe den Text ab. Unterstreiche die Bestimmungen der Zeit.

❸ Übe den Text als Diktat.

April, April, der macht, was er will.

Obwohl die Sonne scheint, ist es ___ noch kühl.

Warum regnet es ___, wenn ich mich sonnen möchte?

Der Sturm dauerte ___ und machte uns Angst.

zwei Stunden
morgens
immer

❹ Setze in die Sätze die richtigen Zeitbestimmungen ein. Schreibe den Text ab.

am Morgen   am Mittag   am Nachmittag   am Abend

Spiele bei jedem Wetter

Bei Sturm können wir in meinem Zimmer Domino spielen.
Auf dem Hof kann man bei jedem Wetter Fußball spielen.
Bei Sonnenschein sollten wir ins Schwimmbad fahren.
Bei Regen können wir im Baumhaus spielen.
Bei Wind möchte ich auf dem Feld den Drachen steigen lassen.
PIA
JULE
ALI
MARCO
SINA

1. Gibt es Spiele, die du nur bei bestimmtem Wetter spielst?
2. Schreibe die Vorschläge der Kinder ab. Schreibe so:
   Pia sagt: „Bei Sturm können wir in meinem Zimmer Domino spielen."

Auf die Frage **Wo?, Woher?** oder **Wohin?** antwortet die Bestimmung des Ortes: Bei Regen gehen wir ins Theater. **Wohin** gehen wir bei Regen? **Ins Theater** gehen wir bei Regen.

3. Unterstreiche die Bestimmungen des Ortes.

fährt	Ahmet	in die Türkei	im Sommer
feiert	Frau Zeiler	im Büro	ihren Geburtstag
sitzen	auf der Terrasse	Heikos Eltern	beim Frühstück

4. Bilde Aussagesätze. Unterstreiche die Ortsbestimmungen.

Sommer Regen Wind Sturm Wetter

Wind

➊ Schau dir das Bild genau an. Erzähle, was du siehst.
Diese Wörter können dir helfen:

nass	Kinder	Hund	Regen	Wäsche	Leine
aufhängen	stürmisch	alter Mann	Wasser	Regenschirm	
Segler	trocken	Kinder	Sturm	Wind	windig

Was mit Robert im Sturm passiert, erfährst du auf S. 95.

Dabbeljuh

Im Regen steht
ein Dabbeljuh
(was es auch sei)
mit nassem Schuh.
O Einsamkeit!
O graue Welt!
Auf Dabbeljuh
der Regen fällt.
Komm unter meinen Schirm,
komm du
ganz nah zu mir,
Dabbeljuchhu!

Josef Guggenmos

1 Wer oder was könnte Dabbeljuh sein?
Gib deinem Dabbeljuh einen Namen.

Strolche

Wieso streunen die zwei bei diesem Regen durch die Straßen? Sie sprechen leise, sie springen in die Pfützen und spritzen das Wasser vor sich her. Zwischen den Sträuchern machen sie eine Pause. Besprechen sie etwas? Zu welchem Zweck? Dann hört man Zweige knacken. Sie pflücken kleine Pflanzen ab, die gerade zu sprießen begannen. Sogar die Zwiebeln von Blumen nehmen sie mit. Alle Pflege des Gärtners war vergebens.

2 Stellt euch vor, ihr trefft die Strolche. Spielt, was passieren könnte.

Folgen mehrere Konsonanten in einem Wort aufeinander, musst du genau lesen.

3 Ordne die Wörter mit Pfl/pfl, spr, Str/str, Zw/zw am Wortanfang in eine Tabelle ein.

4 Ergänze weitere Wörter aus der Wörterliste.

Immer kalt – das Leben der Inuit

Um den Nordpol erstreckt sich Grönland, die größte Insel der Erde. Die Bewohner nennen sich Inuit, das heißt Menschen. Sie leben fast immer in einer weißen Landschaft. Viele Inuit wohnen heute in Holzhäusern. Wenn sie einige Tage zur Jagd unterwegs sind, zerstoßen sie Eis in große Stücke und bauen daraus einen Iglu.

1. Schreibe den Text ab.
2. Schreibe die Wörter mit ß heraus.

Hunde begleiten die Eskimos auf der Jagd und beim Fischen:

| Sie | ziehen | tagelang | die schwere Fracht | auf den Schlitten | . |

| Sie | werden | durch ein dickes Fell | gegen die Kälte geschützt | . |

| Sie | folgen | dem stärksten Hund | innerhalb der Gruppe | . |

> Durch die Umstellung von Satzgliedern kannst du abwechslungsreicher erzählen.

3. Stelle die Satzglieder um. Schreibe die Sätze verändert auf.
4. Vergleicht eure Texte.

Lies etwas über das Leben des Eskimojungen Natatek. S.100

Gruppe Jagd schützen dick stark schwer

Immer heiß – Leben in der Wüste

Wüsten finden wir in den heißen Klimazonen der Erde. Dort fällt oft monate- oder sogar jahrelang kein Regen. Auf den ersten Blick wirkt die Wüste leblos. Aber viele Tiere und Pflanzen haben sich an die besonderen Verhältnisse angepasst. In der Sahara leben auch Menschen, die Tuareg. Sie sind Nomaden 📖 . Sie halten sich Schafe und Ziegen.

❶ Schreibe auf, was du über die Wüste erfährst.

Vogelspinnen verstecken sich ______ ______ .

Kamele trinken ______ ______ .

Kakteen speichern ______ ______ .

im Sandnest	viel Wasser	im Stamm
Wasser	auf Vorrat	unter der Erde

❷ Ergänze jeweils zwei Satzglieder. Schreibe sinnvolle Sätze.

Durch das Ergänzen weiterer Satzglieder kannst du genauere Informationen in einem Satz geben.

Lies auch den Text „Das Leben in der Wüste Sahara“. S.101

Vom Wind verweht

Ein Dichter wollte eine spannende Geschichte über den Wind schreiben. Er setzte sich an seinen Schreibtisch, nahm Papier und Bleistift und fing an: „Es war einmal ...“ Nein, das war ein zu gewöhnlicher Anfang für eine spannende Geschichte. Der Dichter zerknüllte das Blatt und nahm ein neues: „Vor langer Zeit blies ein kräftiger Wind ...“ Nein, das war auch nichts. „Ein junges Lüftchen wuchs heran ...“ Wieder war der Dichter nicht zufrieden. So ging das stundenlang. Bis er nur noch ein Blatt Papier hatte. Diesmal musste es klappen. Der Dichter dachte lange nach, aber ihm fiel auch jetzt kein Anfang ein, mit dem er zufrieden war. Als er vom vielen Nachdenken schon Kopfschmerzen hatte, stand er auf und öffnete das Fenster, um ein wenig frische Luft zu schnappen. Da kam ein kräftiger Windstoß, wirbelte das letzte Blatt Papier durch die Luft und an dem Dichter vorbei zum Fenster hinaus. Der Dichter schnippte mit den Fingern. „Das ist mein Anfang!“ Doch nun hatte er leider kein Papier mehr. Er konnte den schönen Anfang nicht aufschreiben und vergaß ihn wieder. So blieb die spannende Geschichte vom Wind leider für immer ungeschrieben.

Manfred Mai

- Schreibe du diese Geschichte.

Der Struwwelpeter

Dr. Heinrich Hoffmann (1809 – 1894) lebte als Arzt in Frankfurt und gründete dort ein Krankenhaus. Viele seiner Patienten waren Kinder. Er nahm ihnen oft die Angst vor der Untersuchung, indem er lustige Bleistiftzeichnungen anfertigte. „Lustige Geschichten und drollige Bilder mit 15 schön kolorierten Tafeln für Kinder von drei bis sechs Jahren“ nannte er Struwwelpeter. Er schrieb ihn 1847 für seinen dreijährigen Sohn Carl als Weihnachtsgeschenk.

Die Geschichte vom fliegenden Robert

Wenn der Regen niederbraust,
wenn der Sturm das Feld durchsaust,
bleiben Mädchen oder Buben
hübsch daheim in ihren Stuben. –
Robert aber dachte: Nein!
Das muss draußen herrlich sein! –
Und im Felde patschet er
mit dem Regenschirm umher.

Hui, wie pfeift der Sturm und keucht,
dass der Baum sich niederbeugt!
Seht! Den Schirm erfasst der Wind,
und der Robert fliegt geschwind
durch die Luft so hoch, so weit;
niemand hört ihn, wenn er schreit.
An die Wolken stößt er schon,
und der Hut fliegt auch davon.

Schirm und Robert fliegen dort
durch die Wolken immerfort.
Und der Hut fliegt weit voran,
stößt zuletzt am Himmel an.
Wo der Wind sie hingetragen,
ja, das weiß kein Mensch zu sagen.

Heinrich Hoffmann

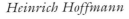

- Welche Moral beinhaltet das Gedicht?
- Hast du Ideen, was mit Robert geschehen sein könnte?

Sonne und Wind

Der Wind sagte zur Sonne: „Wer ist stärker? Du oder ich?“

„Das weiß ich nicht“, sagte die Sonne. „Wir wollen es ausprobieren.“

„Gut“, sagte der Wind. „Auf dem Weg dort geht ein Wanderer. Wer ihm zuerst den Mantel wegnehmen kann, ist der Stärkere. Gilt die Wette?“

„Die Wette gilt“, sagte die Sonne.

Da fing der Wind an zu blasen. Er blies und blies, aber je mehr er blies, desto fester hielt der Wanderer den Mantel mit beiden Händen fest. Der Wind blies noch heftiger. Der Wanderer zog den Mantel noch enger um sich und hielt ihn noch fester. Da gab der Wind dem Wanderer einen so starken Stoß, dass er beinahe gefallen wäre. Die Bäume bogen sich und rauschten, und der Wetterhahn auf dem Dach der Kirche im Dorf drehte sich wie verrückt. Der Wanderer zog den Gürtel ganz fest um sich und wickelte sich ganz fest in den Mantel.

„Jetzt probier du es“, sagte der Wind atemlos zur Sonne. Die Sonne begann zu scheinen. Dem Wanderer wurde warm und er löste den Gürtel. Die Sonne schien stärker. Da knöpfte der Wanderer den Mantel auf. Die Sonne schien noch stärker und der Wanderer begann zu schwitzen. Und als die Sonne heftig vom Himmel brannte, zog der Wanderer den Mantel aus.

„Du hast gewonnen“, sagte der Wind zur Sonne.

neu erzählt von Friedl Hofbauer und Käthe Recheis

- Ihr könnt die Geschichte nachspielen.

Der Wind

In allem Frieden
schlief abgeschieden
hinter der Hecke
der Wind.
Da hat ihn die Spitzmaus
– wie Spitzmäuse sind –
ins Ohr gezwickt.
Der Wind erschrickt,
springt auf die Hecke
fuchsteufelswild,
brüllt,
packt einen Raben
beim Kragen,

rast querfeldein
ins Dorf hinein,
schüttelt einen Birnbaum beim Schopf,
reißt den Leuten den Hut vom Kopf,
schlägt die Wetterfahne herum,
wirft eine Holzhütte um,
wirbelt den Staub in die Höhe
wehe,
der Wind ist los!

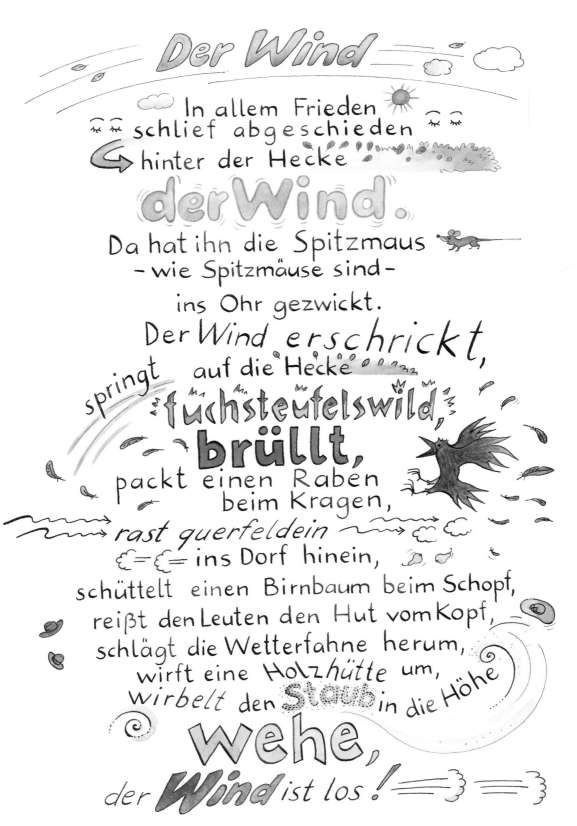

Josef Guggenmos

Mittsommer in Bullerbü

Vielleicht hat Inga doch Recht, wenn sie meint, dass es am lustigsten, am allerlustigsten im Sommer ist. Ich gehe ganz gern in die Schule, und wenn die Lehrerin uns vor den Ferien auf Wiedersehen sagt, könnte ich beinahe weinen, weil ich weiß, dass ich sie lange Zeit nicht sehe.
Ich vergesse es allerdings schnell, denn es ist schon etwas Herrliches mit den Sommerferien.
Am ersten Abend in den Sommerferien gehen wir immer zum Nordhof-See und angeln. Ich weiß nichts, was so sommerlich ist wie Angeln.
Ja, die Ferien sind herrlich!
Und nun will ich erzählen, was wir taten, als es Mittsommer 📖 wurde.
Auf der Südhof-Wiese hatten wir einen Mittsommer-Baum. Alle in Bullerbü halfen dabei, ihn herzurichten. Zuerst fuhren wir mit unserem Heuwagen tief in den Wald hinein und schnitten Zweige, die wir für den Mittsommer-Baum brauchten. Vati lenkte die Pferde. Sogar Kerstin durfte mitfahren. Sie lachte und war froh darüber.
Als wir aus dem Wald wieder nach Hause kamen, gingen Agda, Inga, Britta und ich Flieder pflücken. Wir umkleideten den Mittsommer-Baum mit Laub und banden oben zwei große Fliederkränze fest. Und dann wurde der Mittsommer-Baum aufgerichtet, und wir tanzten um ihn herum.

Ingas Vater spielt so wundervoll Mundharmonika. Er spielte viele lustige Stücke, nach denen wir alle tanzten. Außer Großvater und Kerstin. Und zuerst saß Kerstin auf Großvaters Knie. Aber sie konnte es nicht lassen, Großvater immer wieder am Bart zu ziehen, sodass ihr Vati kam, sie aufhob und auf seine Schultern setzte. Und auf diese Weise durfte Kerstin auch mittanzen.
Dann durften wir uns alle auf die Wiese setzen und Kaffee trinken, den Mutti, Tante Greta und Tante Lisa gekocht hatten. Ich mache mir gar nichts aus Kaffee. Aber wenn man ihn im grünen Gras trinkt und es Mittsommer ist, dann schmeckt er viel besser als gewöhnlich.
Wir spielten auch „Letzten abschlagen“ und vieles andere. Es macht sehr viel Spaß, wenn die Väter und die Mütter dabei sind und mitspielen. Ja, es kann natürlich sein, dass es lange nicht so viel Spaß machen würde, wenn man jeden Tag mit ihnen spielen müsste. Aber mitunter, zum Beispiel wenn Mittsommer ist, finde ich, dürfen sie schon mal mitspielen.
An diesem Abend durften wir aufbleiben, solange wir wollten.

Astrid Lindgren (gekürzt)

- Erzähle, wie Astrid Lindgren das Mittsommer-Fest als Kind erlebte.
- Male nach ihrer Beschreibung den Mittsommer-Baum.

Natatek und Kleiner Bär

Natatek ist ein kleiner Eskimojunge. Er lebt weit oben im Norden an der Küste des Eismeeres. In seinem Land dauert der Winter so lange wie bei uns der Herbst, Winter und Frühling zusammen.
Natatek zieht warme Schuhe an und schlüpft in seinen Anorak. Er hat einen weiten Schulweg. Zu Fuß könnte er gar nicht gehen bei so viel Eis und Schnee. Natatek fährt mit dem Schlitten. Vor den Schlitten hat er fünf Hunde gespannt. Der Leithund heißt Kleiner Bär, weil er so stark ist und weil sein Fell so zottig ist. Kleiner Bär läuft immer an der Spitze. Wenn die anderen Hunde nicht ziehen wollen, schnappt er nach ihnen. Er trägt den buschigen Schwanz wie eine Fahne. Er kennt den Weg zur Schule genau. Von Zeit zu Zeit dreht er den Kopf nach hinten und schaut, ob Natatek mit ihm zufrieden ist.
Auf einmal will Kleiner Bär nicht mehr laufen. Immer langsamer setzt er seine Pfoten in den Schnee. Der Schlitten bleibt stehen. Auch die anderen vier Hunde bleiben stehen. Kleiner Bär hebt den Kopf zum Himmel und heult. Natatek springt vom Schlitten.
„Kleiner Bär, was ist geschehen?“
Kleiner Bär legt sich nieder, wälzt sich auf den Rücken und hält Natatek die linke Vorderpfote entgegen: Der weiche Schnee hat sich an den Haaren der Pfote festgeklebt. Er ist zu harten, kleinen Eisklumpen gefroren. Die Eisklumpen reiben die Haut blutig.
„Armer Kleiner Bär!“
Natatek kniet nieder. Er hebt die Hundepfote an seinen Mund und beißt die Eisklumpen ab, einen nach dem anderen.
„Jetzt kannst du wieder laufen, Kleiner Bär!“

Lene Mayer-Skumanz (gekürzt)

Das Leben in der Wüste Sahara

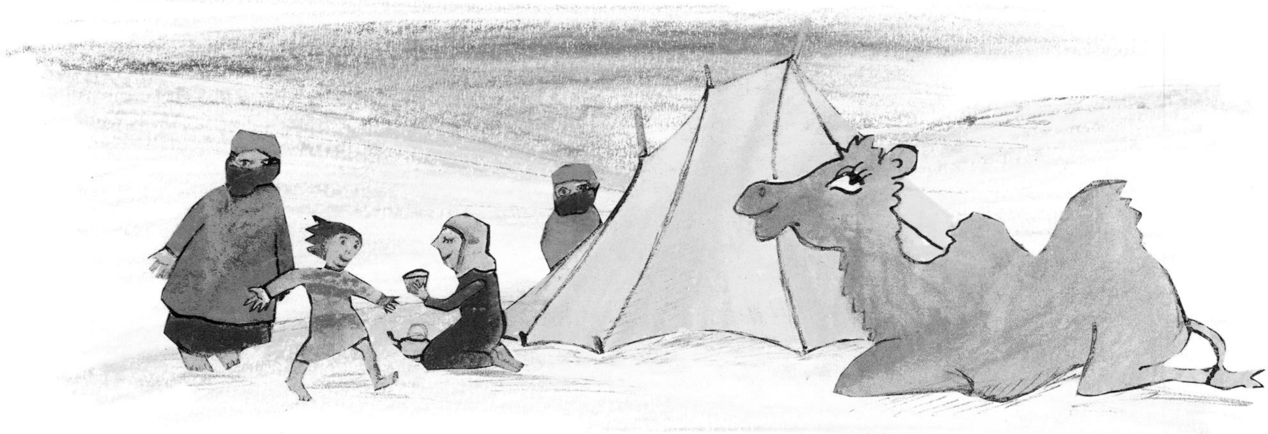

Die Tuareg leben in der Sahara. Sie züchten Kamele, Ziegen, Zebus und Schafe. Auf der Suche nach Weideland für ihre Tiere ziehen sie umher. Alle Bewohner eines Lagerplatzes sind miteinander verwandt. Sie gehören einer Großfamilie an. Vater und Mutter leben mit ihren Kindern jeweils in einem eigenen Zelt. Die älteren Jungen schlafen jedoch unter freiem Himmel.
Wenn die Tiere alles Grün abgefressen haben, wandern die Tuareg weiter. Sie falten einfach ihre Zelte aus Ziegenfellen zusammen. Am neuen Lagerplatz werden die Zelte mit zurechtgeschnittenen Ästen im Boden befestigt. Die Kleidung der Tuareg besteht aus langen, weiten Hemden. Die Männer halten ihr Gesicht bedeckt. Beim Essen führen sie ihre Hand unter das Gesichtstuch. Die Frauen tragen Kopftücher.
Die Eltern bringen ihren Kindern die Schriftzeichen ihres Stammes bei. Die Schrift besteht aus 25 Grundzeichen. Hier sieht man, wie sie Dromedar, Zelt, Zebu und Teekanne schreiben.

verändert nach Laurence Ottenheimer

- Auf dieser Doppelseite erfahrt ihr etwas über andere Völker.
  Vergleicht die beiden Texte.
  Sprecht über die unterschiedlichen Erzählweisen.

Hochwasser

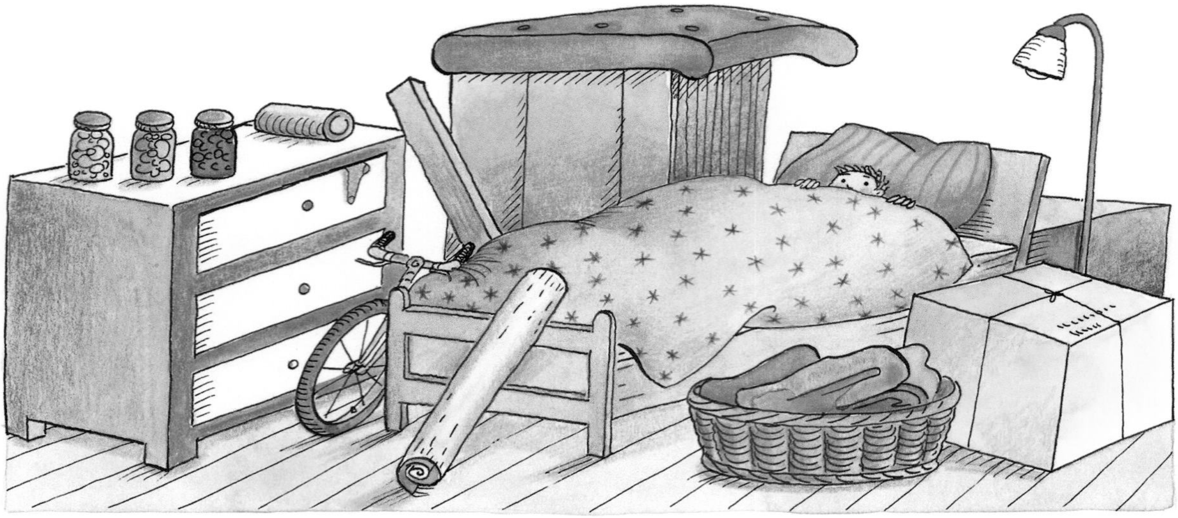

Eigentlich war es wie jedes Jahr. Am letzten Schultag vor den Osterferien konnte ich es kaum erwarten, dass meine Lehrerin uns schöne Ferien wünschte und wir nach Hause durften. Wie immer in den Osterferien hatte mich Onkel Georg eingeladen. Obwohl es schon seit Wochen nur regnete, freute ich mich auf den Aufenthalt in der Stadt, in der ich mich schon so gut auskannte.

Onkel Georg und seine Frau hatten keine Kinder und sie freuten sich, zwei Wochen lang eine Ersatztochter zu haben. Sie besaßen ein kleines Häuschen in der Altstadt und ein Zimmer war nur für mich reserviert.

Nach drei Stunden Fahrt durch strömenden Regen kamen wir endlich an. Onkel Georg öffnete meiner Mutter und mir die Tür. Er und Tante Gertrud freuten sich uns zu sehen.

Aber was war mit der schönen Wohnung los? Wollten sie ausgerechnet dann renovieren, wenn ich zu Besuch kam? Oder wollten sie sogar umziehen? Der Flur stand voller Kisten und Schachteln, gestapelt, übereinander getürmt, sodass kaum ein Durchgehen möglich war. Auf meinen erstaunten Blick hin sagte Onkel Georg nur: „Hochwasser." Er sprach nicht traurig oder gar ängstlich. Einfach nur: „Hochwasser." „Woher weißt du das? Und was hat das Durcheinander damit zu tun?", fragte ich. Anstelle meines Onkels antwortete Tante Gertrud: „Der Pegel des Flusses steigt seit Tagen. Du wirst sehen, er wird über die Ufer treten und die ganze Altstadt überschwemmen." Ohne genau zu verstehen, was sie meinte, ging ich in mein Zimmer. Aber auch hier sah alles verändert aus. Das Bett war zwar frei, aber ansonsten lagen alle Dinge, die normalerweise im Keller verwahrt wurden, hier wie in der gesamten Wohnung verteilt. Irgendwie konnte ich in dieser Nacht nicht schlafen.

„Komm, wir gehen zum Flussufer", sagte Onkel Georg gleich nach dem Frühstück. Aber sehr weit mussten wir gar nicht laufen.

Dort, auf der Uferwiese, wo ich sonst so gerne saß, den Schiffen zusah und mein Eis leckte, stand bereits das Wasser. In den Straßen wurden Bretter auf Gerüste als Gehweg gelegt. „Wie kann das passieren?", wollte ich erstaunt wissen. Mein Onkel erklärte: „Wenn im Frühling der Schnee in den Bergen schmilzt und wenn es dann auch noch so lange regnet, füllen sich die Flüsse schnell mit Wasser. Kleine Flüsse fließen in die großen und so steigt das Wasser an. Es tritt über die Ufer, besonders an den Stellen, an denen das umliegende Land flach ist. Die Menschen haben die Flussläufe begradigt und in den Quellgebieten die Wälder gerodet. Daher kann das Wasser nicht mehr versickern und fließt sehr schnell. Früher hatten die Flüsse einfach mehr Platz. Nun haben wir alle paar Jahre wieder Hochwasser." „Aber warum ziehen die Menschen nicht in eine andere Stadt?", fragte ich ganz aufgeregt. Onkel Georg lachte: „Wegziehen? Das kommt für uns alle nicht in Frage. Das ist doch unsere Heimat. So bringen wir alle Sachen aus dem Keller hoch. Wir bauen Stege in die überfluteten Straßen und – warten, bis alles vorbei ist. Aber wegziehen, niemals!"

Sonja Kargl

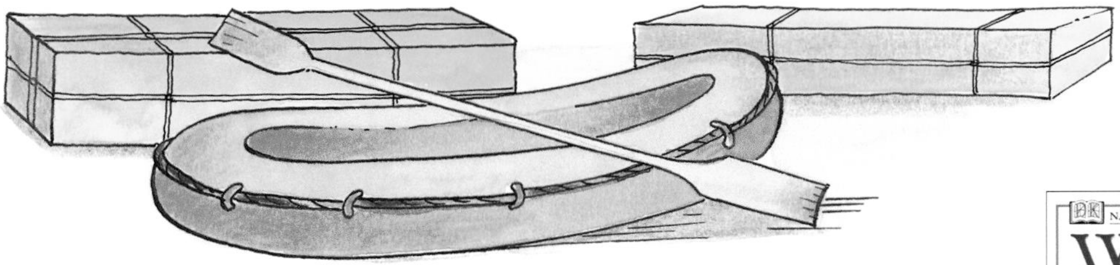

- Wie entsteht Hochwasser?
- Informiere dich, wie man verhindern könnte, dass Hochwasser Städte und Dörfer zerstört.

Subjekt und Prädikat

In der Nacht prasselt der Regen
gegen die Fensterscheiben.
Aber am Morgen scheint wieder die Sonne.
Jana geht heute ohne Jacke zur Schule.
Dicke Wolken erscheinen am Nachmittag.
Alle erwarten ein starkes Gewitter.

❶ Schreibe die Sätze ab.

❷ Unterstreiche Subjekt und Prädikat mit unterschiedlichen Farben.

Die Wortfamilie „fahren“

-fahrt	Zug-	Ab-	Ein-	Vor-
Fahr-	-rad	-bahn	-verbot	-zeug

❸ Bilde zusammengesetzte Nomen.
Schreibe sie mit Artikel auf.

An dieser Stelle ist das Baden gefährlich.
Über diesen Fluss kann man nur mit der Fähre gelangen.
Mein Freund fährt am Montag in die Ferien.

❹ Schreibe die Sätze ab.
Unterstreiche die Wörter, die zur Wortfamilie „fahren“ gehören.

Wörter mit der Endsilbe -ung

landen	erforschen	wandern	besichtigen	führen	beobachten

❺ Bilde aus den Verben Nomen.
Schreibe so: *landen – die Landung, …*

ÜBUNGEN

Die Bestimmungen von Zeit und Ort

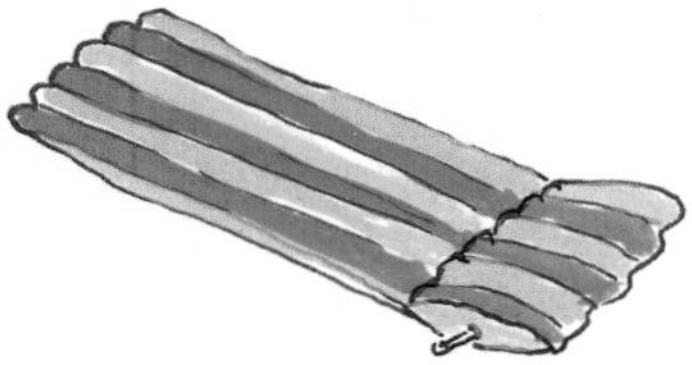

Liebe Aysu,

ich möchte dich für einladen.
Komm bitte zu mir nach Hause.
Wir können mit dem Bus zum Schwimmbad fahren.
holt meine Mutter uns wieder ab.
Wir dürfen uns noch einen spannenden Film
ansehen. Gib mir Bescheid, ob du kommen darfst!

Deine Mira

dann	Am Nachmittag	sofort
am Abend	um 13 Uhr	Sonntag

❶ Schreibe den Text mit den passenden Zeitbestimmungen auf.

❷ Unterstreiche die beiden Ortsbestimmungen im Text.

Piri versteckt sich ____.

Dann klettert Piri ____.

Nun steht Piri ____.

Schließlich klettert Piri ____.

❸ Erfrage die Ortsbestimmungen anhand der Bilder.

❹ Schreibe die Sätze vollständig auf.

ÜBUNGEN

Satzglieder

Die Klasse 3a wandert im Mai durch den Wald.
Die Lehrerin erzählt ihnen viele Dinge über die Bäume.
Die Schüler lauschen interessiert.
Die wichtigsten Sachen schreiben sie in ihre Hefte.
Später sammeln sie Blätter und Blüten.
In der Schule machen sie damit eine Ausstellung.

❶ Schreibe den Text ab.

❷ Trenne die Satzglieder durch Striche voneinander.

❸ Stelle die Sätze um und schreibe sie auf.

❹ Unterstreiche in jedem Satz Subjekt und Prädikat.

Piri	besucht	mit Niklas	morgen	die Ausstellung	in der Schule

❺ Stelle die Satzglieder um.
Schreibe alle Sätze auf, die möglich sind.

Ferien

Jana freut sich auf die Ferien.
Sie fährt mit ihrer ganzen Familie ans Meer.
Dort möchte sie Sandburgen bauen
und faul in der Sonne liegen.
Abends wird sie gemeinsam mit ihren Eltern
lange Spaziergänge am Strand machen.
Janas Mutter liebt Sonnenuntergänge
und die sind am Meer besonders schön.

❻ Übe den Text als Diktat.

❼ Unterstreiche alle Bestimmungen des Ortes.

ÜBUNGEN

Vom Wind verweht S. 94

... zu gewöhnlicher Anfang ... Zeile

... junges Lüftchen wuchs ... Zeile

... vom vielen Nachdenken ... Zeile

... Dichter schnippte mit ... Zeile

... leider für immer ... Zeile

1. Suche die Textstellen und schreibe die Zeilennummern untereinander in dein Heft. Addiere sie. Bei richtiger Lösung erhältst du die Zahl 55.

Natatek und Kleiner Bär S. 100

Der Eskimo Natatek lebt weit oben im *Osten/Norden* an der Küste des Eismeeres.

Der Leithund heißt Kleiner Bär, weil er so *stark/klug* ist und weil sein Fell so *lang/zottig* ist.

Er trägt den *langen/buschigen* Schwanz wie eine *Fahne/Flagge.*

Der Schnee ist in den *Haaren/Ballen* der Pfote zu kleinen *Eisklumpen/Eiskugeln* gefroren.

Der kleine Eskimojunge *reibt/beißt* das Eis mit den *Händen/Zähnen* aus den Pfoten.

2. Schreibe die Sätze richtig auf.

Tierisches

Aus einer Mücke einen Elefanten machen

Timo und Marleen packen ihre Rucksäcke. Sie wollen heute wandern und ein Picknick machen. Timo bekommt einen Schreck. Er kann seinen Wanderstock nicht finden. „Ohne Stock gehe ich nicht!“, jammert er. Timo blickt sogar unter die Bettdecke. Marleen sagt: „Du machst aus einer Mücke einen Elefanten.“ Timo guckt sie fragend an.

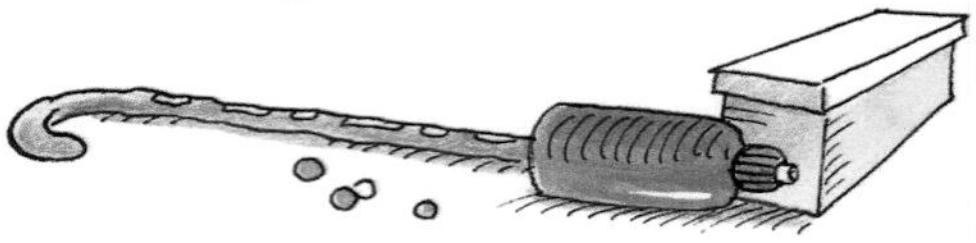

Manchmal mache ich auch aus einer Mücke einen Elefanten.

❶ Weshalb schaut Timo fragend?

❷ Schreibe den Text ab.
Unterstreiche alle Wörter mit ck.

Nach einem kurz gesprochenen Vokal steht oft ck.
Es darf nicht getrennt werden, weil ck ein Laut ist: pa - cken.

Marleen ___ ein Vogelei im Nest.
Mit dem Schnabel ___ der Specht eine Höhle in den Stamm.
Im Herbst ___ die Eichhörnchen Nüsse und Bucheckern.
Viele Menschen ___ beim Anblick einer Spinne.
Der Hahn ___ sich die dicksten Körner heraus.

erschrecken	entdecken	picken	hacken	verstecken

❸ Schreibe die Sätze mit den passenden Verben auf.

❹ Unterstreiche alle Wörter mit ck.

packen blicken gucken Stock Decke

5 Welche Redensarten werden dargestellt? Erkläre die Bedeutungen.

In vielen Sprichwörtern spielen Tiere eine wichtige Rolle.

Mit Speck fängt man Mäuse.

Ohne jemanden, der aufpasst, geht alles drunter und drüber.

Die Spatzen pfeifen es von den Dächern.

Mit Schmeicheln erreicht man oft, was man will.

Besser einen Spatz in der Hand als eine Taube auf dem Dach.

Manchmal sollte man sich mit weniger zufrieden geben.

Wenn die Katze aus dem Haus ist, tanzen die Mäuse auf dem Tisch.

Das weiß doch jeder.

6 Ordne jedem Sprichwort die richtige Bedeutung zu.
Schreibe so: *„Mit Speck fängt man Mäuse" bedeutet: Mit …*

Auf S.124 kannst du eine Fabel zu einer Redensart lesen.

Schnurpsenzoologie

Aysu und Tom lesen „Die Schnurpsenzoologie“ von Michael Ende:

Im Urwald, Forschern unbekannt,
lebt fröhlich der KAMELEFANT …

Aysu fragt: „Weißt du, was ein Kamelefant ist?“
„Ich habe keine Ahnung“, antwortet Tom.
Aysu sagt: „Ich habe auch noch keinen gesehen.“
„Dann lass uns doch in den Zoo gehen!“, schlägt Tom vor.

1. Werden Aysu und Tom einen Kamelefanten im Zoo finden?

2. Schreibe den Text ab. Unterstreiche die wörtliche Rede und die Begleitsätze in je einer Farbe.

Der Begleitsatz kann vor oder hinter der wörtlichen Rede stehen.
Aysu fragt: „Gehst du mit in den Zoo?“
„Gehst du mit in den Zoo?“**, fragt Aysu.**

Am lustigsten finde ich die Affen.
Um 15 Uhr werden die Bären gefüttert.
Die Kaninchen darf man sogar streicheln.
AFFEN
TOM
ALI
AYSU
PONYS
WC

3. Schreibe auf, was die Kinder sagen. Setze jeweils den Begleitsatz nach vorn und hinten.

Im Affenhaus

Um 14 Uhr pfeift der Wärter. Die Affen haben Hunger. Ein Schimpanse klopft mit einem Topf auf den Boden. Der Wärter verteilt Äpfel, Pflaumen, Apfelsinen und Pfirsiche. Dem kleinsten Schimpansen fällt ein Apfel in eine Pfütze. Schimpfend angelt er ihn wieder mit seinen Händen.

1. Schreibe den Text ab.
   Unterstreiche alle Wörter mit Pf/pf.
2. Schreibe alle Verben untereinander auf.

Das Verb gibt an, in welcher Zeit etwas geschieht.
Das **Präsens** (die **Gegenwart**) zeigt an, dass etwas jetzt stattfindet:
Aysu **schreibt** einen Brief. Der Affe **turnt.**
Das **Präteritum** (die **einfache Vergangenheit**) zeigt an, dass etwas vor längerer Zeit stattfand. Es wird vor allem beim Schreiben benutzt:
Aysu **schrieb** einen Brief. Der Affe **turnte.**

3. Bilde die Präteritumformen.
   Schreibe sie neben die Präsensformen.
   Schreibe so: *pfeift – pfiff, ...*

ich gehe	er schreibt	sie turnen
wir rufen	sie denkt	ich kaufe

4. Bilde auch zu diesen Präsensformen die Präteritumformen.
5. Unterstreiche die Veränderungen.

Du kannst
in der Wörterliste
nachsehen.

Plapperraben

Rabenvögel können Stimmen von Tieren und Menschen nachahmen. Könnt ihr das auch?

Als Erstes bestimmt ihr, wer die Rolle des Plapperraben und die des Rabenzüchters spielt. Der Plapperrabe trägt eine Rabenmaske. Er muss nun eine Minute lang alles nachsprechen, was ihm der Rabenzüchter vorsagt. Dabei darf er keinen Fehler machen. Gelingt ihm das nicht, muss er eine weitere Runde lang den Raben spielen. Der Rabenzüchter will jedoch so lange wie möglich seine Rolle behalten und überlegt sich deshalb schwierige Sätze und Zungenbrecher.

❶ Erkläre das Spiel mit eigenen Worten.

Hoppla, wie der Rabe flitzt, bloß, weil es ein wenig blitzt.
Plötzlich braust der Brausewind, bläst die Blätter weg geschwind.
Plapperraben plappern laut, plappern dann, wenn man nicht schaut.
Bunte Blumen auf dem Feld, sie blühen blau, sie blühen gelb.

❷ Sprich die Sätze schnell nach.

❸ Schreibe alle Wörter mit Bl/bl und Pl/pl am Wortanfang heraus.

Rabenvögel

Oliver hat einen Sachtext über Rabenvögel gelesen:

Es gibt über 100 Rabenvogelarten. Alle Raben sind Singvögel, auch wenn ihr Krächzen in unseren Ohren nicht schön klingt.
Sie sind sehr gelehrig.
Das Männchen lebt ein Leben lang mit dem gleichen Weibchen zusammen.
Bei uns sind zwei Arten besonders bekannt: der Kolkrabe und die Elster.

Dazu hat er diese Stichpunkte aufgeschrieben:

Rabenvögel

- *100 Arten*
- *Singvögel*
- *gelehrig*
- *leben immer zusammen*
- *2 bekannte Arten: Kolkrabe und Elster*

Oliver hat weitere Sachtexte über diese Vögel im Internet gefunden:

Der Kolkrabe
Der größte Rabenvogel Europas ist der Kolkrabe. Er wird bis zu 67 cm lang. Man erkennt ihn an seinem mächtigen Schnabel. Er kann viele Stimmen seiner Umgebung nachahmen. Die erwachsenen Tiere leben in Paaren zusammen, die Jungvögel in Schwärmen.

1. Schreibe Stichwörter auf.

Die Elster
Die Elster hat ein schwarz-weißes Gefieder und einen langen Schwanz. Sie baut ihre überdachten Nester in hohen Bäumen. Die grünlichen Eier sind graubraun gefleckt. Der Volksmund sagt, dass Elstern glänzende Dinge in ihre Nester verschleppen.

2. Stelle Fragen zur Elster.
Schreibe so: *Hat die Elster ein schwarz-weißes Gefieder? …*

Katz' und Maus

Müssen Mäuse vor allen Katzen Angst haben?
Die Katze will sich auf einem sonnigen Platz ihre Tatzen putzen.
Trotzdem bleibt das Mäuschen still in seinem Versteck sitzen.
Plötzlich beginnt es zu regnen und zu blitzen. Die Katze macht einen Satz und entdeckt die Maus. „Jetzt beginne ich doch zu schwitzen", denkt die Maus. „Wo finde ich nur Schutz?" Aber die Katze ist alt. Sie überlegt: „Soll ich wirklich bei dem Regen diese kleine Maus hetzen?"

❶ Schreibe die Geschichte zu Ende.

❷ Schreibe alle Wörter mit tz aus dem Text untereinander auf.

Nach einem kurz gesprochenen Vokal steht oft tz: Hitze, kratzen.

Und einen Schmatz
für meinen Schatz!

❸ Finde Reimwörter zu den Wörtern mit tz.
Schreibe so: *Katzen – Tatzen, ...*
Was stellst du fest?

❹ Übe den Text als Diktat.

putzen blitzen Satz trotzdem Katze

Lustige Klammermäuse

Paul erklärt Aysu, wie er seine Klammermaus gebastelt hat:

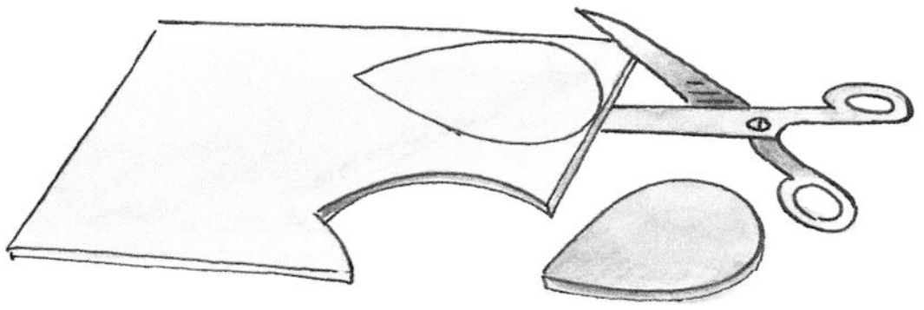

Ich habe zuerst die Ober- und Unterseite der Maus nach der Vorlage aus Pappe ausgeschnitten.

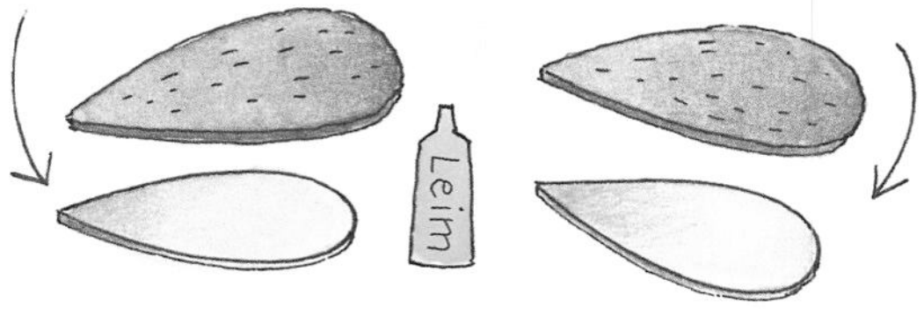

Dann habe ich die beiden Teile für den Körper aus grauem Filz ausgeschnitten und auf die Pappe geklebt.

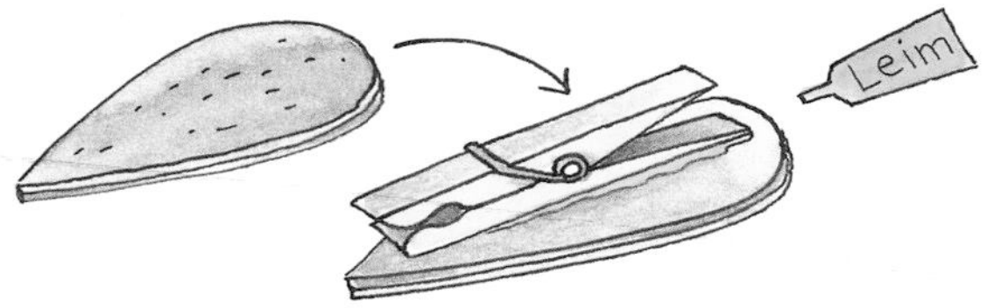

Diese beiden Teile habe ich auf die Ober- und Unterseite der Wäscheklammer geklebt.

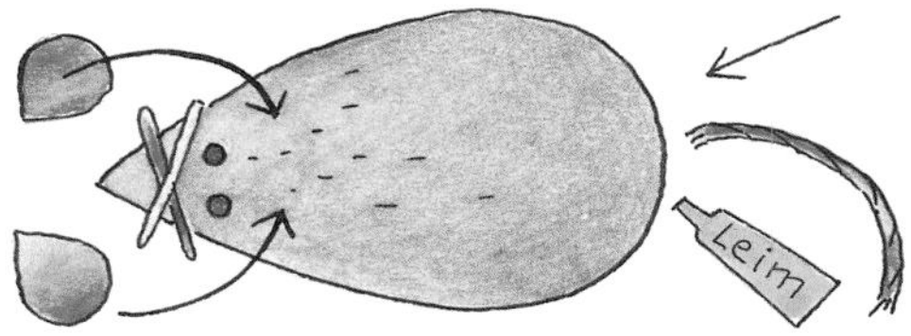

Zum Schluss habe ich aus Kordel den Schwanz und aus Filz Ohren, Schnurrbart und Augen befestigt.

1. Du kannst die Klammermaus nachbasteln.
2. Schreibe den Text in der er-Form auf.
   Beginne so: *Paul hat zuerst …*
3. Unterstreiche die Verben.

Das **Perfekt** (die **vollendete Gegenwart**) zeigt an, dass etwas bereits vorbei ist. Es wird mit den Hilfsverben „haben" oder „sein" gebildet und meist beim mündlichen Erzählen benutzt:
Ich **habe** ein Buch **gelesen.** Er **ist** in die Schule **gegangen.**

Paul berichtet.	Aysu antwortet.	Sie laufen.

4. Schreibe die Sätze im Perfekt.
   Erweitere die Sätze durch zusätzliche Satzglieder.

Tauben in der Stadt

Auch wilde Tauben haben ein Recht zu leben.
Der Kot der Tauben zerstört Gebäude.
Tauben können Krankheiten übertragen.
Es macht Spaß, die Tauben zu füttern.
Es gibt zu viele Tauben.
Die Tauben sind beim Füttern so zutraulich.

❶ Ordne die Argumente zur Taubenfütterung nach Pro (Für) und Kontra (Wider). Lege eine Tabelle an.

Sätze können durch **Bindewörter** miteinander verbunden werden.
Solche Bindewörter sind zum Beispiel: **denn, aber** und **weil.**
Vor diesen Bindewörtern steht ein **Komma:**
Tina möchte eine Katze haben**, aber** ihre Mutter erlaubt es nicht.

❷ Bilde nun solche Sätze:
Es macht Spaß, die Tauben zu füttern, aber ihr Kot …

Manchmal vergleicht man Menschen mit Tieren, weil man eine besondere Eigenschaft von ihnen hervorheben möchte.

Tom ist stark | wie eine Biene. |

Pedro ist flink | wie ein Bär. |

Aysu ist fleißig | wie ein Fuchs. |

Helena ist schlau | wie ein Wiesel. |

❸ Schreibe die Vergleiche richtig auf.

Der kleine Fuchs

Ein kleiner Fuchs schläft im Klee.
Plötzlich wacht er auf.
Er hört ein lautes Klopfen.
Glitzert es nicht verdächtig
hinter dem Holzklotz?
Gleich schleicht er näher.
Ein Vogel in buntem Federkleid
klopft mit seinem Schnabel
gegen das glatte Holz.
Der kleine Fuchs ist glücklich.
Dieses Tier ist keine Gefahr für ihn.

1. Welches Tier hat den Fuchs geweckt?
2. Schreibe alle Wörter mit Gl/gl und Kl/kl auf.
   Ordne sie in eine Tabelle ein.
3. Übe den Text als Partnerdiktat.

Der kleine Fuchs schläft im Klee.

Er ist müde.

Er wacht auf.

Er hört ein Klopfen.

Er ist glücklich.

Das Tier ist keine Gefahr für ihn.

4. Stelle Fragen zu den Sätzen.
   Schreibe die passenden Antworten
   als Sätze mit „weil“ auf. Schreibe so:
   Warum schläft der kleine Fuchs im Klee?
   Der kleine Fuchs schläft im Klee, weil er …

Du kannst auf S.128 noch mehr über Füchse lesen.

glitzern klopfen glücklich Klee Fuchs

Mama Anna

Die meisten Leute halten einen Dackel für eine Art Hund mit kurzen Beinen und einem langen Körper und wissen nicht, dass Hunde Hunde und Dackel eben Dackel sind. Hunde tun meistens das, was ihre Herren von ihnen wollen. Dackel hingegen tun meistens das, was sie selber wollen.

Unser erster Dackel hieß Anna, und schon als ganz junger Hund tat sie alles Mögliche, nur nicht das, was wir von ihr wollten.

„Sie ist stocktaub“, sagten wir. Aber Anna war nicht taub. Sie war ein Dackel. Außer der Sturheit, die allen Dackeln eigen ist, war Annas herausragendster Charakterzug ihre Mutterliebe. Schon bald nannten wir sie nur noch „Mama Anna“.

Mama Anna kümmerte sich nicht nur rührend um ihre eigenen Jungen, sondern auch um die anderer Tiere. Selbst wenn sie keine Welpen hatte, gab sie Milch, sobald sie sah, dass irgendwelche Tierbabys in Not waren.

Oft nahm sie junge Kätzchen an, deren Mütter verschwunden waren, und einmal versuchte sie sogar, vier kleine Schweinchen aufzuziehen.

Eine junge Muttersau hatte die Ferkel verstoßen, aber Mama Anna fand die Kleinen ganz entzückend und legte sich gleich hin, um sie zu säugen. Nun haben aber Schweinebabys im Gegensatz zu jungen Hunden viele scharfe Zähnchen, mit denen sie unangenehm zwicken können. Mama Anna hielt trotzdem durch, bis die Ferkel bei einer anderen Muttersau in Pflege gegeben werden konnten. Damit rettete sie den Schweinchen das Leben.

Dick King-Smith und Anita Jeram

Geschenk für den Vogel

Nach dem Herbst kam der Winter ins Land. Der Schnee deckte alles zu.
Das Holz lag unter dem Dach, und dann … ging der alte Popov auf den Vogelmarkt. Er hat einen Vogel gekauft. Einen grauen. Einen Hänfling.
Markt war im Dorf. Der alte Popov zog seine Pelzjacke an, denn es war kalt. Setzte seine Pelzmütze auf und machte sich auf den Weg.
Über die Felder, durch den Schnee, in das Dorf und auf den Markt.
In jedem Jahr zu dieser Zeit … stand auf dem Markt immer an der gleichen Stelle ein Vogelhändler. Er hatte fast hundert Käfige aufgestellt.
In manchen nur einen Vogel, in manchen mehrere. Und sie flatterten und wollten sich befreien, keiner sang.
Es war so kalt.
Der alte Popov stand lange vor den Käfigen. Er guckte jedem Vogel ins Gesicht, denn an den Augen konnte er erkennen, welchen Vogel er kaufen würde.
„Was ist denn mit dem da?“, fragte er den Vogelhändler.
Denn da saß ein kleiner, grauer, kümmerlicher Vogel auf dem Boden in einem kleinen Käfig. Er schaute vor sich hin und bewegte sich nicht.
Wie tot.
„Hänfling“, sagte der Vogelhändler. „Singt nicht, piepst nicht, rührt sich nicht vom Fleck, kriegen sie für einsfünfzig mit Käfig. Der Käfig ist noch stabil wie neu. Für den Vogel keine Garantie.“
„Käfig hab ich selber“, sagte der alte Popov, denn Käfige konnte er machen.
„Was kostet er ohne?“ „Neunzig“, sagte der Vogelmann.
Das passte genau, denn neunzig hatte Popov. Er hatte einen kleinen Käfig aus Holz unter der Jacke.

„Nehm ich“, sagte er, und der Vogelmann nahm den Hänfling heraus und steckte ihn in den Holzkäfig.

„Aber ohne Garantie. Das sag ich noch mal.“

Der alte Popov steckte den Käfig wieder unter die Jacke, damit der Vogel nicht fror und ging nach Hause.

Unterwegs blieb er von Zeit zu Zeit stehen und pustete warme Luft in den Käfig. Nahm ein paar Sonnenblumenkerne aus der Tasche, biss sie auf und legte sie dem Vogel vor den Schnabel.

Aber er fraß nicht.

Zu Hause stellte er den Käfig auf den Tisch. In der Stube war es warm. Er gab dem Vogel Wasser, und bald trank er etwas. Aß etwas. Dann wurde es Abend, und die beiden saßen neben dem warmen Ofen. Der Vogel hatte sich wieder aufgewärmt und sang sogar etwas, aber er wollte hinaus.

Ein Vogel ist zum Fliegen da. Und als die Nacht kam, nahm der alte Popov den Käfig, trug ihn vor die Tür, machte ihn auf und schenkte dem Vogel seinen Wald zurück. Der Vogel flog nicht hinaus in den Wald. Er flog nur aus dem Käfig und schlief unter dem Dach noch bis zum nächsten Tag. In dieser Nacht träumte der alte Popov vom Himmel und dass der Vogel ein Stern war.

Janosch

- Wie hat sich der Vogel wohl in den verschiedenen Abschnitten seines Lebens gefühlt?
- Erzähle die Geschichte aus seiner Sicht.

Rabe und Pfauen

Dem Raben kam zu Ohren, dass die Pfauen ein großes Fest feiern wollten, und er wünschte sich sehnlichst, teilnehmen zu können. Er wusste aber genau, dass die schönen Vögel keine schlichten schwarzen Raben zulassen würden.

So zerbrach er sich den Kopf nach einem Ausweg. Da sah er im Geflügelhof die Federn liegen, die den Pfauen nach der Mauser ausgefallen waren, und er beschloss, sich damit zu verkleiden und der Festgesellschaft ein Schnippchen zu schlagen.

Der eitle Rabe stand stunden- und stundenlang vorm Spiegel und putzte sich mit den Pfauenfedern auf. Schließlich war er mit seinem schillernden Gefieder zufrieden und sagte: „Ich bin genauso schön wie die prächtigen Pfauen, viel zu schön, um mich noch mit schäbigen Raben abzugeben!" Er wandte seinen alten Freunden hochmütig den Rücken und spazierte zum Festsaal.

Im ersten Augenblick waren alle Gäste von dem stattlichen Rad des Raben beeindruckt. Doch dann entdeckten sie den Betrug, und sie pickten und hackten nach der Verkleidung und rissen und rupften ihm im Nu die gestohlenen Federn aus dem schwarzen Schwanz.

So stand der Rabe dumm und dämlich da und schlich sich nackt und verhöhnt aus dem Festsaal. Was blieb ihm anderes übrig, als zu den verratenen Freunden zurückzukehren?

Die aber verspotteten ihn und kreischten: „Man soll sich nicht mit fremden Federn schmücken!"

Aesop

Der Adler und der Rabe

Ein Adler wollte einmal eine Nuss mit seinem Schnabel aufhacken. Da kam ein Rabe angeflogen und ließ sich auf einem Ast neben ihm nieder.
Voller Verlangen betrachtete er die Nuss. „So wie du es anstellst, wird nie etwas draus“, sagte der Rabe. „Wenn ich du wäre und so hervorragend fliegen könnte, würde ich ganz hoch fliegen. So hoch, wie es nur geht. Dann würde ich die Nuss einfach fallen lassen. Nur so wirst du an den Kern kommen.“
Dieser Vorschlag leuchtete dem Adler ein. Er stieg empor und flog so hoch, dass er nur noch als winziger Punkt am Himmel zu sehen war. Dann ließ er die Nuss fallen. Darauf aber hatte der Rabe nur gewartet. Rasch sprang er von seinem Ast und schnappte sich seine Beute.
Als der Adler schließlich wieder unten angekommen war, hatte sich der Rabe längst mit der Nuss davongemacht.

Aesop

- Vergleiche die beiden Fabeln. Beachte die Darstellung des Raben.
- Ihr könnt beide Fabeln aus der Sicht eines der Tiere erzählen.

Der Wolf und die sieben Geißlein

Es dauerte nicht lange, so klopfte jemand an die Haustür und rief: „Macht auf, ihr lieben Kinder, eure Mutter ist da und hat jedem von euch etwas mitgebracht.“ Aber die Geißlein hörten an der rauen Stimme, dass es der Wolf war. „Wir machen nicht auf“, riefen sie, „du bist unsere Mutter nicht, die hat eine feine und liebliche Stimme, aber deine Stimme ist rau; du bist der Wolf.“

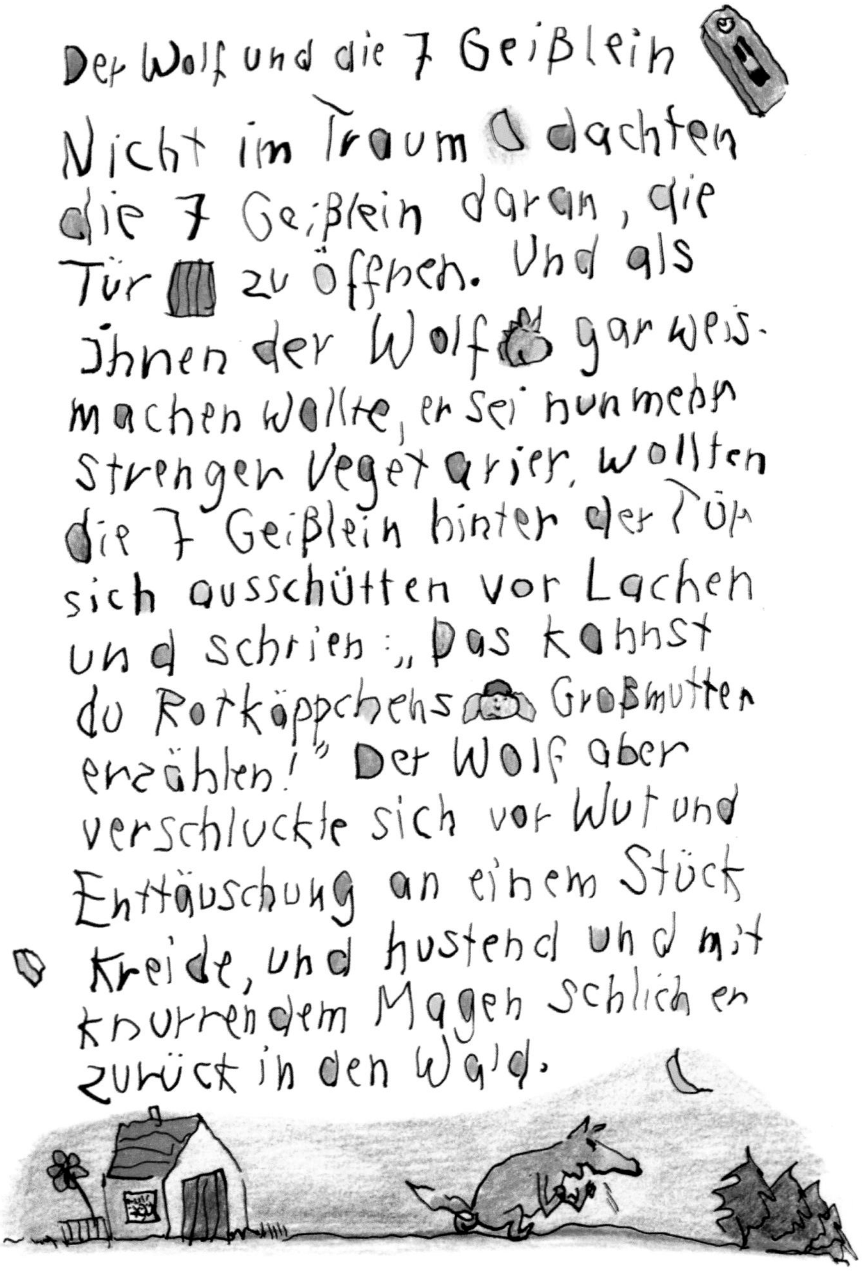

Der Wolf und die 7 Geißlein
Nicht im Traum dachten die 7 Geißlein daran, die Tür zu öffnen. Und als Ihnen der Wolf gar weis machen wollte, er sei nunmehr strenger Vegetarier, wollten die 7 Geißlein hinter der Tür sich ausschütten vor Lachen und schrien: „Das kannst du Rotkäppchens Großmutter erzählen!“ Der Wolf aber verschluckte sich vor Wut und Enttäuschung an einem Stück Kreide, und hustend und mit knurrendem Magen schlich er zurück in den Wald.

Klaus Puth

Yannick aus der 3b hat das folgende Märchen geschrieben:

Die Welt der veränderten Märchen

Es war einmal ein ganz normaler Tag in der Welt der veränderten Märchen. Der Prinz mit dem Motorrad fährt an dem 5680 m hohen Hochhaus vorbei. Er sieht im 33. Stock Rapunzel. Sie lässt ihr Haar herunter und der Prinz zieht sich hoch. Auf einmal fällt der Prinz, der übrigens Hans heißt, von dem Hochhaus, weil er sich nicht mehr am Haar festhalten konnte. Aber unten stehen schon Däumelinchen und Dornröschen von der Feuerwehr mit dem Sprungtuch. Hans fällt hinein, bedankt sich und fährt weiter. – Auf einmal kommt die böse Hexe geflogen und entführt den Prinzen. Der schreit: „Hilfe!“ Da bekommt die Hexe Ohrenschmerzen und wirft den Prinzen runter. Der bricht sich die Arme. Bei der Landung der Hexe ist Schneewittchen Fluglotse. Schneewittchen bietet der Hexe einen Apfel an. Sie isst ihn und stirbt. An dem Tag macht Aschenputtel den Führerschein und die sieben Geißlein jagen, weil sie nichts zu essen haben, den Wolf. Und wenn sie nicht gestorben sind …

- Welche Märchen erkennst du wieder?
  Welche Dinge wurden darin verändert?

Der Findefuchs

Der kleine Fuchs lag ganz allein im Gebüsch und fürchtete sich. Er wartete auf seine Mutter. Aber seine Mutter konnte nicht kommen. Der Jäger hatte sie totgeschossen. Die Zeit verging. Es begann zu regnen und der kleine Fuchs fürchtete sich immer mehr. Er fror. Er hatte Hunger. Er winselte und weinte. Da kam eine Füchsin vorbei. Sie hörte, wie der kleine Fuchs winselte. Eigentlich wollte sie weiterlaufen. Sie hatte drei Kinder zu Hause in ihrem Bau, die warteten auf sie. Doch weil der kleine Fuchs so jammerte, kroch sie zu ihm ins Gebüsch.

„Was ist denn los mit dir?“, fragte die Füchsin und stupste mit der Pfote gegen seinen Kopf.
Der kleine Fuchs winselte noch lauter. Er winselte, wie kleine Füchse winseln, wenn sie Hunger haben.
„Warum liegst du ganz allein hier im Busch?“, fragte die Füchsin und wunderte sich. „Hast du keine Mutter mehr?“ Sie beugte sich über den kleinen Fuchs und schnüffelte. Er roch, wie kleine Füchse riechen. Er war weich und wollig, wie kleine Füchse sind.
„Armer kleiner Findefuchs“, sagte die Füchsin und strich mit der Pfote über sein Fell.
Der kleine Fuchs hörte auf zu winseln. Die Füchsin roch fast wie seine Mutter. Sie war auch genauso warm.

Er kroch an ihren Bauch und suchte nach der Milch. Die Füchsin wich zurück. Der kleine Fuchs war nicht ihr Kind. Sie hatte ihn nicht zur Welt gebracht. Sie musste für ihre drei eigenen Kinder sorgen.
Der kleine Fuchs fing wieder an zu winseln. Die Füchsin sah, wie er vor Kälte zitterte. Da ging sie nicht fort. Sie legte sich neben ihn um ihn zu wärmen.
Der kleine Fuchs kuschelte sich in ihr Fell.
Er fand die Milch und trank.
Er schmatzte und gluckste und schluckte
und hörte gar nicht wieder auf.
„Trink nur, kleiner Findefuchs", sagte die Füchsin.
„Trink dich nur satt."

Irina Korschunow

Der Rotfuchs

Der Rotfuchs gehört zur Familie der Wildhunde. Man erkennt ihn leicht an seinem rotbraunen Fell, seinen spitzen Ohren und seinem buschigen Schwanz. Er wird etwa 65 cm groß. Er kann auch im Dunkeln gut sehen, orientiert sich aber meistens mit seiner Nase. Die Füchsin, auch Fähe genannt, gräbt mit ihren Krallen einen großen Bau mit mehreren Ausgängen. Dort bringt sie im Frühjahr bis zu sechs Junge zur Welt. Diese sind noch blind und öffnen erst nach 14 Tagen ihre Augen. Die Welpen werden etwa vier Wochen gesäugt. Dann werden sie von der Mutter mit vorgekauter Nahrung gefüttert. Anschließend lernen die jungen Füchse kleine Tiere zu fangen, die die Fuchsmutter ihnen zum Bau bringt. Wenn sie ihre Kinder in Sicherheit bringen will, packt sie sie am Nacken und trägt sie so an einen anderen Ort.

- Vergleiche die beiden Texte über Füchse.

ÜBUNGEN

Wörter mit ck

Kann diese Mücke
auch stechen?

Glockenrose	Dornenschnecke
Weinbergmücke	Heckenspatz
Grashecke	Dreckblume

1. Schreibe die zusammengesetzten Nomen richtig auf.

-cke-	Bä-	-rei	
-glo-	Kir-	-cke	-chen-
-ta-	Ja-	-sche	-cken-
-cke	-flo-	Schnee-	

Fli-	-de-	-cken-	-cke
-lei-	Strick-	-ter	
-cker-	-stan-	Zu-	-ge
-del	-na-	Strick-	

2. Bilde aus den Silben Wörter mit ck. Schreibe sie mit Artikel auf.

Die wörtliche Rede

Die Klasse 3b plant einen Ausflug in den Tierpark.

Was kostet der Ausflug?	fragt Jana.
Timo will wissen	Kann man da Tiere beobachten?
Aysu und Nils meinen	Wir sollten Jacken mitnehmen.
Ich habe gar keinen Rucksack!	ruft Tom.

3. Schreibe auf, was die Kinder sagen.
Achte darauf, wo der Begleitsatz steht.

ÜBUNGEN

Wörter mit ck und tz

So ein Wetter

Jana si   t am Fenster und gu   t hinaus. Der Himmel ist schwarz.
Der kleine Spa   ho   t am Straßenrand. Da zu   t ein Bli   .
Ein Traktor kommt um die E   e und fährt durch eine Pfü   e.
Der Dre   spri   t nach allen Seiten. Der kleine Vogel ist ganz
schmu   ig geworden.

1 Schreibe den Text ab. Setze ck oder tz richtig ein.

Sätze mit „denn“ und „weil“

Der Wellensittich ist weggeflogen.	Die Käfigtür stand offen.
Lina darf keinen Hund haben.	In der Wohnung sind Tiere nicht erlaubt.
Am liebsten geht Jan in den Streichelzoo.	Dort darf man die Tiere anfassen.
Paul gibt dem Igel Wasser zum Trinken.	Von Milch wird der Igel krank.
Aysu fährt mit ihrer Katze zum Tierarzt.	Sie muss geimpft werden.

2 Bilde aus zwei Sätzen einen Satz.
Verbinde sie durch „denn“ und „weil“.
Schreibe so:
Der Wellensittich ist weggeflogen, denn die Käfigtür …
Der Wellensittich ist weggeflogen, weil die Käfigtür offen …

ÜBUNGEN

Präsens, Präteritum und Perfekt

Präsens	*Präteritum*	*Perfekt*
...	...	*ich bin gestolpert*
er malt	...	...
...	...	*sie hat gerufen*
...	*wir schrieben*	...
ihr rennt	...	...
...	*sie lachten*	...

1. Übertrage die Tabelle in dein Heft.
   Ergänze die fehlenden Zeitformen.

Mütterliche Fürsorge

Eine junge Amsel fällt aus dem Nest.
Marleen findet sie am nächsten Morgen.
Sie fasst den Vogel nicht an.
Leise schleicht sie hinter die Mauer
und beobachtet das Tierchen.
Nach einiger Zeit erscheint die Amselmutter.
Sie schaut sich nach allen Seiten um.
Sie sieht Marleen nicht.
Nun füttert die Amsel ihr Junges mit Würmern.
So rettet sie das Jungtier.

2. Marleen erzählt ihrer Freundin von dem Erlebnis.
   Erzähle im Perfekt:
   Eine junge Amsel ist aus dem Nest gefallen.

3. Am Abend schreibt Marleen ihrer Oma.
   Schreibe den Text im Präteritum auf:
   Hallo Oma,
   stell dir vor: Gestern fiel eine junge Amsel ...

Achte auf die Person, die erzählt.

Mama Anna S.120

Weshalb glauben die Besitzer von Anna zuerst,
ihr Dackel sei stocktaub?

Weshalb bekam der Hund den Namen Mama Anna?

Um welche Tierbabys hatte sich Mama Anna
schon gekümmert?

Weshalb mussten die Ferkel dem Dackel
weggenommen werden?

1 Beantworte die Fragen in Sätzen.

Geschenk für den Vogel S.122

Nach dem Herbst kam   Winter ins Land.

Er hat einen   gekauft.

Der alte Popov   lange vor den Käfigen.

Denn da saß ein kleiner, grauer, kümmerlicher Vogel
auf dem Boden   kleinen Käfig.

Er hatte einen kleinen   aus Holz unter der Jacke.

Er gab dem Vogel Wasser,   bald trank er etwas.

In dieser Nacht   der alte Popov
und dass der Vogel ein Stern war.

2 Schreibe die fehlenden Wörter hintereinander auf.
Sie ergeben einen Lösungssatz.

Paris

In anderen Ländern

Der Brief

Pauls Schwester Lena ist für sechs Monate in Frankreich. Sie schreibt:

> Hallo Paul,
> jetzt bin ich schon seit sechs Wochen in Paris. Vieles ist anders als zu Hause.
> Man sagt „Bonjour" für „Guten Tag" und „Bon soir" für „Guten Abend" –
> es sprechen eben alle französisch!
> Auch das Essen ist anders. Warmes Essen gibt es erst abends.
> Die Schule dauert von 8.30 Uhr bis 17.00 Uhr.
> Mittags haben wir eine Essenpause.
> Gestern habe ich mit den Kindern meiner Gastfamilie einen Aprilfisch gebastelt.
> Den kann man den anderen am 1. April heimlich auf den Rücken heften.
> Wenn der andere ihn bemerkt, ruft man „Poisson d'avril!". Das heißt Aprilfisch.
> Es ist so ähnlich wie unser „April, April!". Schreib doch bald mal.
> Liebe Grüße, Lena

1. Schreibe auf, was du in dem Brief über Frankreich erfährst.
2. Vergleiche die Grußformeln in Deutschland und Frankreich.
3. Welche Grußformeln aus anderen Ländern kennst du noch?

Weitere französische Wörter findest du auf S. 145.

Ausflüge

In den Ferien hat Paul Lena in Paris besucht. Er erzählt:

„Wir haben viele Ausflüge gemacht. An einem Tag sind wir ins Museum gegangen und haben Bilder von bekannten Malern gesehen. Danach haben wir uns ein langes Weißbrot und Wasser gekauft und unter einer Brücke ein Picknick gemacht. Dabei haben wir den Künstlern zugesehen, die dort ihre Bilder gemalt haben.
Einmal sind wir auf den Eiffelturm hinaufgefahren.
Wir haben auch ein Schloss an der Loire besichtigt.
Einen ganzen Tag haben wir in Disneyland verbracht."

1. Welchen Ausflug von Paul hättest du gern mitgemacht? Begründe deine Antwort.
2. Wie wirkt die Welt wohl vom Eiffelturm aus? Beschreibe die Menschen, die Straßen … Du kannst es auch aufschreiben.
3. Übe den Text als Diktat.
4. Setze den Text ins Präteritum. Schreibe so: *Wir machten viele …*

Über den französischen Maler Henri Rousseau erfährst du etwas auf S.146.

Museum bekannt Brücke Ausflug Picknick

In Disneyland

Warst du schon in einem Vergnügungspark?

Am Dienstag waren Paul und Lena in Disneyland. Was es da alles zu sehen gab! Am Eingang trafen sie Micky Maus. Er war riesig! Dagobert war gerade damit beschäftigt, Tick, Trick und Track mit einem Besen über eine Wiese zu jagen. Auf dem Gras hockte Pinocchio mit seiner langen Nase und versuchte, nicht zu niesen.
Dann machten Paul und Lena mit einer Achterbahn eine rasante Fahrt. Sie sausten so schnell, dass Paul bunte Kreise sah. Aber ein Eis konnte er hinterher trotzdem essen.

1. Schreibe den Text ab. Unterstreiche alle Wörter mit s.
2. Sprich die Wörter mit s deutlich aus.

Wörter mit einem stimmhaften s klingen wie das s in „lesen“.
Wörter mit einem stimmlosen s klingen wie das s in „Maus“.

3. Ordne die Wörter mit s in eine Tabelle.

stimmhaftes s	*stimmloses s*
sehen	*Dienstag*

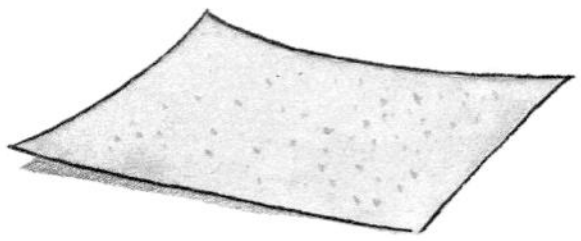

Nase Kreis sehen Wiese niesen Gras

Der große Balu

Kommt in den aufregendsten Freizeitpark der Welt!
Unsere Spiele sind am schönsten, unsere Fahrzeuge am schnellsten und unser Riesenrad am höchsten!
Erlebe die größten Attraktionen ! Eintritt frei!

1. Schreibe auf, wofür hier geworben wird:
   Der Elefant wirbt für …
2. Suche die Adjektive aus den Sprechblasen heraus. In welcher Vergleichsstufe werden sie benutzt?
3. Schreibe die Adjektive untereinander auf. Bilde daneben die Grundstufe.
4. Du kannst ein Werbeplakat für etwas entwerfen, was du gern verkaufen möchtest. Sammle passende Adjektive.

Biete tollsten Roller, suche knuddelige Maus.

Maus zu verkaufen:
bestens gepflegt, seidiges Fell,
längerer Schwanz, größere Ohren.

In einem Schloss

Die Loire ist ein Fluss in Frankreich. An ihr liegen viele alte Schlösser. An einem heißen Tag besuchten Paul und Lena ein Schloss. Eine lange Straße führte dorthin. Lena und Paul schwitzten. Als sie das Schloss erreichten, hielten sie erst einmal die Füße ins Wasser. Danach gingen sie in einen großen Saal. Auf den Stühlen lagen rote Kissen. An der Wand hingen Teppiche. Ein Bild zeigte einen alten Mann mit einer weißen Halskrause, der auf einem Sessel saß. Die Schlossküche war noch rußig. „Küchen machen mich immer ein bisschen hungrig", sagte Paul. „Dann lass uns draußen was essen", schlug Lena vor.

1. Warst du schon einmal auf einem Schloss?
2. Im Text findest du Wörter mit ss und ß. Trage sie in eine Tabelle ein.

Bei scharfem s-Laut steht nach kurz gesprochenem Vokal oder Umlaut ss, nach lang gesprochenem Vokal, Umlaut oder Zwielaut ß.

grü_en	wi_en	na_	Kü_e	bü_en

3. Schreibe die Wörter ab und setze ss oder ß ein. Markiere, ob der Vokal oder Umlaut lang oder kurz gesprochen wird.
4. Bilde einen Satz mit jedem Wort.

Fluss Schloss Wasser Straße sitzen – saß

Auf dem Eiffelturm

Am letzten Tag waren Paul und Lena auf dem Eiffelturm. Er wurde von Alexandre Gustave Eiffel 1889 zur Pariser Weltausstellung erbaut. Der Turm ist mit Antenne 324 m hoch.

An bunten Plakatwänden vorbei wanderten die beiden zu den Fahrstühlen. Viele Touristen wollten nach oben fahren. Oben war es leider ziemlich windig. Lena sagte: „Ich glaube, der Turm schwankt hin und her.“ Sie war ganz blass.

„Das steht doch auch im Prospekt : Bei starkem Wind bewegt er sich um 6 bis 7 cm. Aber schau mal runter: Alles ist so klein wie im Spielzeugladen!“, antwortete Paul. Aber Lena wollte lieber wieder nach unten.

1. Im Text findest du Wörter mit den Buchstabenverbindungen nd und nt. Schreibe sie heraus.
2. Was erfährst du über den Eiffelturm? Schreibe Stichwörter auf.
3. Suche dir einen Ort oder eine Sehenswürdigkeit aus, die du beschreiben willst. Notiere dir Stichwörter.
4. Beschreibe den Ort oder die Sehenswürdigkeit dann deinen Mitschülern.

Marienkirche

- 1772 erbaut
- roter Backsteinbau
- lange, schmale Fenster
- Glockenturm mit Uhr
- 1830 nach Blitzeinschlag abgebrannt
- 1850 Wiederaufbau abgeschlossen

Auch Felix war schon auf dem Eiffelturm S.148.

Tour de France

Jährlich findet ein großes Radrennen in Frankreich statt, die Tour de France. Die Radfahrer legen zwanzig lange Etappen zurück. Das ist sehr anstrengend. Manchmal müssen sie hohe und steile Passstraßen überwinden. Dann denken sie nur noch daran, wann sie endlich oben sind. An den Straßen, auf Stühlen und Bänken stehen Menschen eng gedrängt und winken ihnen zu. Der Gesamtführende bekommt das gelbe Trikot 📖. Manchmal bringen Kinder ihm Blumen.

1 Was erfährst du über die Tour de France? Erzähle. Sammelt weitere Informationen dazu.

2 Erkläre, warum das Wort „Passstraßen“ mit sss geschrieben wird.

3 Im Text findest du Wörter mit ng und nk. Sprich sie deutlich aus. Was bemerkst du?

4 Schreibe die Wörter aus dem Text heraus.

tri●●en	si●●en	za●●en
dri●●end	A●●el	E●●el

5 Schreibe die Wörter auf. Setze ng oder nk ein.

denken bringen winken eng lang Bank

Tour de France – etwas für dich?

❶ Stelle die Meinungen der Kinder gegenüber.
Wer ist für die Tour de France (pro)?
Wer ist dagegen (kontra)?

❷ Es gibt zwei Kinder, deren Meinungen nicht ganz eindeutig sind.
Sind diese Kinder eher pro oder kontra Tour de France?
Begründe deine Meinung.

❸ Sammelt Argumente pro und kontra Bundesjugendspiele.

Auch Asterix und Obelix brechen auf zur Tour de France. S.150

Tarte Tatin

- Du brauchst: 120 g weiche Butter, 270 g Zucker, 1 kg saure Äpfel, 180 g Blätterteig.
- Rolle danach den Teig zu einer runden Platte aus.
- Stürze zum Schluss die Tarte vorsichtig, sodass das Karamel über den Kuchen läuft.
- Verteile zuerst die Butter in der Tarteform und streue dann den Zucker darüber.
- Lege nun die geschälten Äpfel in die Form.
- Lege dann die Teigplatte über die Äpfel und lass das Ganze 40 Minuten bei 220 Grad im Ofen backen.

❶ Schreibe das Rezept in der richtigen Reihenfolge auf.

❷ Kennst du noch andere französische Rezepte? Erkundige dich.

Mit Sprache spielen

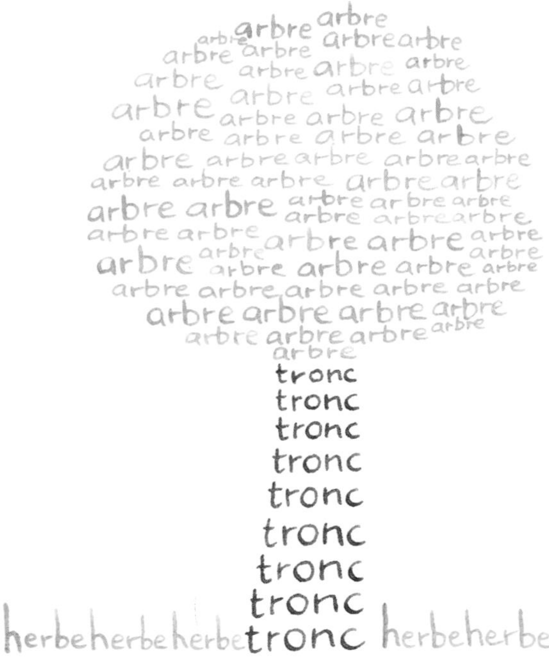

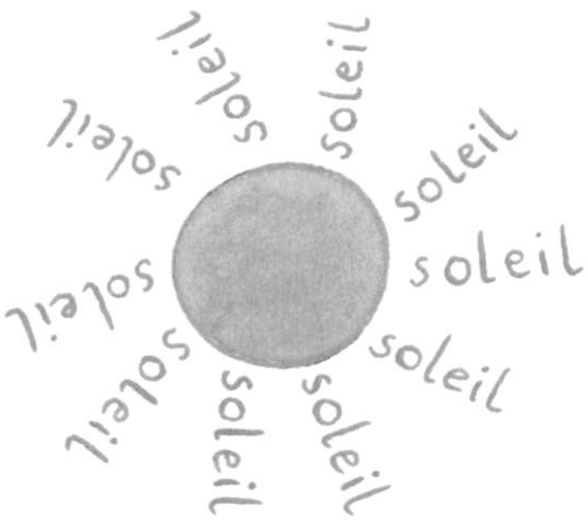

Petit poisson qui tourne en rond,
petit poisson dis-moi ton nom.
Petit poisson qui bouge
petit poisson tout rouge
petit poisson dis-moi ton nom.

Pêcheur Patoche
pêche des poissons.

Fischers Fritze fischte
frische Fische.

Kleiner Fisch, der im Kreis schwimmt,
kleiner Fisch, sag mir deinen Namen.
Kleiner Fisch, der sich bewegt,
kleiner leuchtend roter Fisch,
kleiner Fisch, sag mir deinen Namen.

Henri Rousseau

Henri-Julien Félix Rousseau wird am 21. Mai 1844 in Laval geboren. Er besucht ab 1849 die Grundschule, dann das Gymnasium. Dieses beendet er mit Auszeichnungen in Zeichnen und Singen. Im Jahr 1869 heiratet er. Von seinen sieben Kindern erreichen nur zwei das Erwachsenenalter. Im Dezember 1871 fängt Henri Rousseau an, bei der städtischen Zollbehörde zu arbeiten. Er kassiert an einer Zollstation am Rande von Paris Abgaben von den Bauern, die ihre Waren auf den Pariser Märkten verkaufen wollen. Deshalb wird er auch „Zöllner“ genannt.
Ab 1872 beginnt er zu malen. Er malt zunächst nur in seiner Freizeit. 1884 erhält Henri Rousseau die Erlaubnis, Kopien und Skizzen in den staatlichen Museen von Paris anzufertigen.
Im Jahr 1885 stellt er zum ersten Mal zwei seiner eigenen Bilder öffentlich aus. Bald zieht er die Aufmerksamkeit von bekannten Künstlern auf sich, wie Henri de Toulouse-Lautrec und Paul Gauguin. Diese erkennen seine Malweise an. Mit 49 Jahren lässt er sich pensionieren, um sich ganz auf seine Malerei konzentrieren zu können. Von 1902 bis 1909 unterrichtet Henri Rousseau an einer Art Volkshochschule. Dort gibt er Malkurse.

Henri Rousseau ist einer der bedeutendsten Vertreter der naiven Malerei 📖.
In seinen Bildern stellt er traumhafte Fantasien dar, die stets eine ganz besondere Stimmung ausdrücken. Oft zeichnet er wilde Tiere wie Tiger, Affen oder Büffel in einer Dschungellandschaft.
Am 2. September 1910 stirbt Henri Rousseau in Paris.

- Schreibe das Leben Henri Rousseaus in Stichworten auf.

Henri Rousseau, Surpris (Überrascht), 1891

- Das Bild trägt den Titel „Überrascht“. Warum wohl?
- Beschreibe das Bild. Achte besonders auf den Gesichtsausdruck des Tigers.
- Was wird gleich passieren? Erzähle.
- Du kannst auch eine Geschichte zu dem Bild schreiben.

Briefe von Felix

Ein Brief aus Paris ist angekommen:

Sophie steckt den Briefumschlag in ihre Hosentasche, klettert auf den alten Apfelbaum im Garten und beginnt zu lesen.

IN PARIS, IM SEPTEMBER

CHÈRE SOPHIE,

DAS IST FRANZÖSISCH UND ISCH LIEBE FRANKREISCH! ISCH HABE JETZT EINEN KOFFER → , ER IST TRÈS CHIC, SO SAGT MAN HIER. ISCH SEHE MIR NOCH EIN WENIG DIE WELT AN. PARIS IST AUCH NICHT SCHLECHT! ISCH WOHNE IM HOTEL RITZ, DAS IST SEHR ELEGANT. ABER IRGENDWIE SCHEINEN MICH DIE MENSCHEN IM HOTEL UND AUF DEN STRAßEN GAR NICHT ZU BEMERKEN. KOMISCH, NICHT? MIR EGAL, HIER GIBT ES DEN «TOUR D'EIFFEL», DAS IST DER HÖCHSTE TURM, DEN ICH JE GEÖÖSEHEN HABE. ZUM GLÜCK GIBT ES EINEN AUFZUG NACH OBEN. DIE AUSSICHT IST KLASSE, ALLES SIEHT SO KLEIN WIE STREICHHOLZSCHACHTELN AUS – NUR HALT MIT DÄCHERN UND SCHORNSTEINEN.

STELL DIR VOR: DIE LEUTE TRAGEN IHR BROT UNTERM ARM, UND EIN BROT IST SO LANG WIE EIN BESENSTIEL. GESTERN HABE ICH MÄNNER GESEHEN, DIE IM PARK MIT KUGELN SPIELEN.

(RICHTIG GROßE MÄNNER – WIE DEIN PAPA!)

GLAUBST DU MIR, DASS ES HIER SOWAS WIRKLICH GIBT? APROPOS, WIE LÄUFT ES ZUHAUSE?

GRUß UND KUSS

VON FELIX

Hhm, denkt Sophie, wieso ist in Paris alles anders? Plötzlich fällt ihr ein, dass Oma an diesem Nachmittag zu Besuch kommt. Die weiß bestimmt mehr, weil sie schon ganz oft in Frankreich war. „O là là, der Hase ist in Paris“, ruft ihre Oma. Dann erzählt sie über das Spiel, von dem Felix geschrieben hat. Boule heißt es und ist in Frankreich sehr bekannt. Gespannt hört Sophie, dass es in Paris eine Zuckerbäckerkirche, breite Einkaufsstraßen, wunderschöne Gärten und sehr alte Kirchen gibt. Dann kramt Oma einen Reiseführer hervor. Sophie blättert darin, und Oma ruft schwärmerisch: „Ach, dort gibt es einfach das köstlichste Essen!“ Als Beweis serviert sie zum Abendessen Baguette, Käse und Salat à la Paris.

Und das schmeckt fast ein bisschen wie Ferien in Frankreich. Langsam wird es dunkel, es ist Zeit, schlafen zu gehen. „Bonne nuit“, flüstert Oma, als sie zum Gute-Nacht-Sagen hereinkommt. „Weißt du, wie lange die Reise von Felix noch dauert?“, fragt Sophie. „Nun, das ist schwer zu sagen“, meint Oma. Und fügt nachdenklich hinzu: „Reisende soll man nicht aufhalten.“ Sophie überlegt: „Heißt das, dass Felix niemals zurückkommt?“ Plötzlich hat sie einen dicken Kloß im Hals. „Keine Sorge, zu Weihnachten ist dein Felix bestimmt wieder zu Hause. Da bin ich mir ganz sicher!“, sagt Oma leise und gibt Sophie einen dicken Gutenachtkuss. In dieser Nacht zählt Sophie keine Schäfchen, sondern die Tage bis Weihnachten.

Annette Langen/Constanza Droop

Asterix und Obelix – Tour de France

- Wie gelingt es den Galliern, die Römer zu überlisten?

- Vergleiche diese Tour de France mit der, die auf Seite 142 beschrieben ist.

Der kleine Prinz und der Eitle

Ein Flieger ist mit seinem Flugzeug in der Wüste abgestürzt. Während er versucht, sein Flugzeug zu reparieren, trifft er den kleinen Prinzen, der von einem anderen Planeten gekommen ist. Dieser ist sehr klein, so klein, dass außer dem kleinen Prinzen nur eine Rose darauf lebt. Der kleine Prinz liebt Sonnenuntergänge und möchte sie am liebsten mehrmals täglich sehen. Er kann seltsame Dinge von den Planeten erzählen, die er schon besucht hat …

Der zweite Planet war von einem Eitlen bewohnt.

„Ah, ah, schau, ein Bewunderer kommt zu Besuch!“, rief der Eitle von weitem, sobald er des kleinen Prinzen ansichtig wurde.

Denn für die Eitlen sind die anderen Leute Bewunderer.

„Guten Tag“, sagte der kleine Prinz. „Sie haben einen spaßigen Hut auf.“

„Der ist zum Grüßen“, antwortete ihm der Eitle. „Er ist zum Grüßen, wenn man mir zujauchzt. Unglücklicherweise kommt hier niemand vorbei.“

„Ach ja?“, sagte der kleine Prinz, der nichts davon begriff.

„Schlag deine Hände zusammen“, empfahl ihm der Eitle.

Der kleine Prinz schlug seine Hände gegeneinander. Der Eitle grüßte bescheiden, indem er seinen Hut lüftete. Das ist unterhaltender als der Besuch beim König, sagte sich der kleine Prinz.

Und er begann von neuem die Hände zusammenzuschlagen.

Der Eitle wieder fuhr fort, seinen Hut grüßend zu lüften.

Nach fünf Minuten wurde der kleine Prinz der Eintönigkeit dieses Spiels überdrüssig:

„Und was muss man tun“, fragte er, „damit der Hut herunterfällt?“

Aber der Eitle hörte ihn nicht. Die Eitlen hören immer nur die Lobreden.

„Bewunderst du mich wirklich sehr?“, fragte er den kleinen Prinzen.

„Was heißt, ‚bewundern‘?“

„Bewundern heißt erkennen, dass ich der schönste, der bestangezogene, der reichste und der intelligenteste Mensch des Planeten bin.“

„Aber du bist doch allein auf deinem Planeten!“

„Mach mir die Freude, bewundere mich trotzdem!“

„Ich bewundere dich“, sagte der kleine Prinz, indem er ein bisschen die Schultern hob, „aber wozu nimmst du das wichtig?“ Und der kleine Prinz machte sich davon.

Die großen Leute sind entschieden sehr verwunderlich, stellte er auf seiner Reise fest.

Antoine de Saint-Exupéry

Der Schriftsteller

Der Mann, der das Buch „Der kleine Prinz“ geschrieben hat, heißt Antoine de Saint-Exupéry. Er wurde im Jahr 1900 in der französischen Stadt Lyon geboren.

Er hat noch weitere Bücher und Geschichten geschrieben. Im Jahr 1944 kehrte er von einem Flug mit seinem Flugzeug nicht zurück.

ÜBUNGEN

Oberbegriffe

Spielzeug	**Obst**	**Sehenswürdigkeiten**
Ball	Apfel	Eiffelturm
Puppe Seife	Banane Kohl	Fahrrad Schloss
Roller	Birne	Museum

1. Welches Nomen gehört nicht zu dem jeweiligen Oberbegriff?

2. Finde Nomen, die zu diesen Oberbegriffen gehören: Gemüse, Fahrzeuge, Schule.

Vergleichsstufen der Adjektive

tief	eng	viel	weit	alt	gut

3. Bilde die Vergleichsstufen der Adjektive. Ordne sie in eine Tabelle.

Grundstufe	*Höherstufe*	*Höchststufe*
tief	*tiefer*	*am …*

4. Markiere die Veränderungen.

ss und s

T a s s e	N u s s	S e s s e l	K a s s e
1 = W 2 = i	2 = a 4 = e	1 = R 2 = i	1 = V ~~4~~
3 = e		3 = e ~~6~~	

5. Bilde nach den Angaben neue Wörter. Schreibe sie auf. Wenn du alles richtig hast, ergeben sich je zwei Reimwörter.

Ich esse Nüsse im Sessel.

6. Bilde die Mehrzahlformen aller Wörter.

7. Schreibe zu jedem Wort einen Satz auf.

ÜBUNGEN

Verben mit ss und ß

vergrö__ern	verge__en	e__en	sü__en
la__en	wi__en	sa__	me__en

1. Schreibe die Verben auf und setze ss oder ß ein.
   Markiere, ob der Vokal oder Umlaut kurz oder lang gesprochen wird.

2. Bilde mit den Verben Sätze. Was fällt dir auf?

Nomen und Adjektive mit ss und ß

Ru__	Ga__e	Wa__er	Fu__
bla__	gro__	Spa__	sü__

3. Schreibe die Wörter auf und setze ss oder ß ein.
   Markiere, ob der Vokal oder Umlaut kurz oder lang gesprochen wird.

Im Sommer

Tante Linda sitzt gern im Garten hinter ihrem Haus. Dort liegt auch Bello, ihr Hund. Wenn die Kinder kommen, setzen sie sich auf die Erde. Dann erzählt Tante Linda spannende Märchen. Keiner sagt ein Wort, bis sie fertig ist. Nur Bello stört manchmal, aber das nimmt ihm keiner übel. Zum Schluss dürfen alle Erdbeeren naschen.

4. Schreibe den Text ab.

5. Unterstreiche alle Wörter mit nd, nt, rd und rt.

6. Übe den Text als Diktat.

ÜBUNGEN

Wörter mit ng und nk

sch, l, s → enken

z, d, t → anken

tr, s, w → inken

s, kl, br → ingen

❶ Schreibe die Verben in dein Heft.

❷ Bilde die er-Form.
Schreibe so:
er schenkt, …

❸ Setze die Formen in das Präteritum.
Schreibe so:
er schenkt – er schenkte, …

❹ Bilde Sätze mit den Wörtern im Präteritum.

Rätsel

Engel	Klang	Geschenke	Trank	Enkel

Die Flöte hat einen schönen ●●○●●.

Manche Menschen glauben an ●○●●●.

Für Oma ist der Sohn ihrer Tochter ein ●●○●●.

Weihnachten möchte ich gern viele ●○●●●●●●●.

Der Zauberer braut einen ●○●●●.

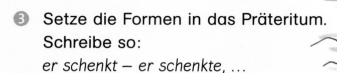

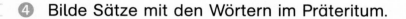

❺ Schreibe die Sätze mit den Lösungswörtern auf.

❻ Welches Wort entsteht aus den anders markierten Buchstaben?

ÜBUNGEN

Briefe von Felix S.148

Und das schmeckt fast ein bisschen wie Urlaub in Frankreich.

Boule heißt es und ist um Paris sehr bekannt.

1. Lies die Geschichte noch einmal durch.
   In welchen Zeilen findest du ähnliche Sätze?

2. Schreibe die richtigen Wörter hintereinander auf.
   Welche Wortgruppe entsteht?

Der kleine Prinz und der Eitle S.152

	ja	nein
Der Flieger ist in der Arktis abgestürzt.	E	P
Der kleine Prinz liebt Sonnenaufgänge.	S	L
Der zweite Planet war von einem Eitlen bewohnt.	A	K
Der Eitle hat eine Mütze auf.	I	N
Der Hut ist zum Grüßen.	E	M
Der kleine Prinz schlug seine Hände gegeneinander.	T	O

3. Schreibe die richtigen Buchstaben auf.
   Sie ergeben ein Lösungswort.

Der Eitle möchte geliebt werden.

Der kleine Prinz konnte den Eitlen gut verstehen.

4. Lies den Text.
   Stimmen diese beiden Äußerungen?
   Begründe deine Meinung.

Das Jahr

Text und Musik: Christa Zeuch

2. Steh'n vier Geschichten drin,
vier Märchen wunderbar.
Das erste spricht vom Zaub'rer Grün,
der grad noch schlafend war.

3. Das zweite spricht ganz bunt,
ihr könnt es selber sehen,
weil alle Farben dieser Welt
im zweiten Märchen stehen.

4. Im dritten Märchen geht
ein stolzer Königsmann,
hat lauter Schmuck in Rot und Gold
und Flammenkleider an.

5. Ist's dir zu still und weiß
im vierten Märchen dann,
so klapp' das Buch ganz einfach zu
und fang' ein neues an.

Herbst

Die Sonne steht tief.
Es ist Herbst.
Die Trauben sind reif.
Es ist Herbst.
Die Blätter an den Bäumen sind bunt,
der Wind kommt und trägt sie davon.
Es ist Herbst.
Lass deinen Drachen steigen!

Bunte Blätter fallen.
Die Tage werden kürzer.
Die Spinne webt ihr Netz am Fenster.
Die Tage werden kürzer.
Im Garten blühen rote Astern.
Endlich können wir Pilze sammeln gehen.
Die Tage werden kürzer.
Wie schön!

Diese Gedichte haben Kinder aus der 3a geschrieben.
Man nennt sie Rondelle.

Ein Rondell ist ein Gedicht aus acht Zeilen.
Die 2., 4. und 7. Zeile sind gleich.

- Was bedeutet für dich Herbst?
- Schreibe dazu ein Rondell. Verwende in der 2., 4. und 7. Zeile den Satz „Die Tage werden kürzer“.
- Überlege dir eine Überschrift.
- Du kannst dein Blatt gestalten.

Schnupfenzeit

Ein Schnupfen hockt auf der Terrasse,
auf dass er sich ein Opfer fasse
– und stürzt alsbald mit großem Grimm
auf einen Menschen namens Schrimm.
Paul Schrimm erwidert prompt: Pitschü!
Und hat ihn drauf bis Montag früh.

Christian Morgenstern

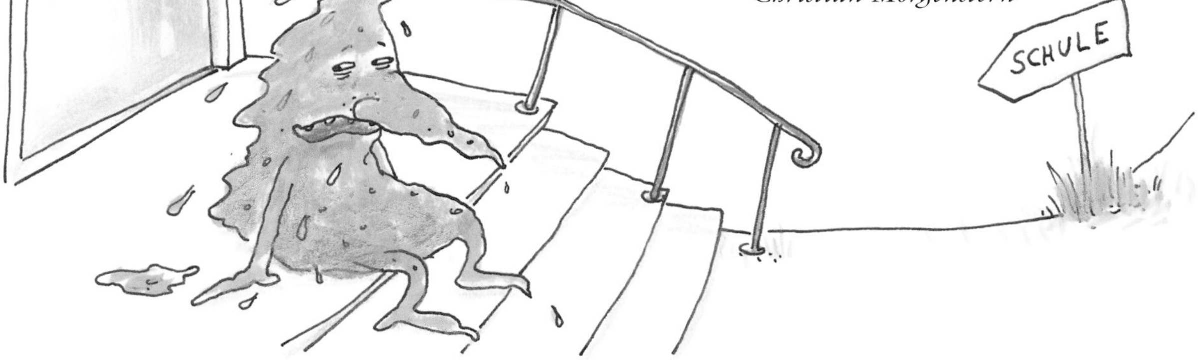

Warum bekommen wir Schnupfen?
Viren heißen die Erreger, von denen wir Schnupfen bekommen. Sie lauern überall und kommen zu jeder Jahreszeit vor. Selbst mit einem Vergrößerungsglas kannst du die Viren nicht erkennen, so klein sind sie. Sie gelangen durch die Nase und den Mund in unseren Körper. Sind wir gesund, können sie uns nichts anhaben. Frieren wir aber oder haben nasse und kalte Füße, wird unser Körper geschwächt. Dann haben es die Viren leicht und wir bekommen Schnupfen. Manchmal kommen zum Schnupfen auch noch Husten, Halsweh oder Fieber dazu. Dann sind wir krank.

Lindenblütentee – ein Rezept gegen beginnenden Schnupfen
Zwei Teelöffel getrocknete Lindenblüten mit einer Tasse kochendem Wasser überbrühen und 10 Minuten ziehen lassen, danach abgießen. Ein Teelöffel Honig dazu hilft gegen Halsschmerzen.

Kennst du andere Rezepte gegen Erkältungen?

Halloweenfeier mit Hindernissen

Das Gespenst Hallo, die Hexe Weeni und ich hatten beschlossen, gemeinsam zur Halloweenfeier unserer Lieblingsspinne zu reisen. Hallo, Weeni und ich nahmen den Weg über einen wundervollen Wald. Das Laub verfärbte sich bereits und leuchtete in braunen, gelben und roten Tönen.
Plötzlich merkte Hallo, dass Weeni nicht mehr neben uns flog. Erstaunt stoppte er den rasanten Flug und sah sich um. Da hing die Hexe doch tatsächlich, den Kopf nach unten, in einem Ast! Der Besen und ihr Zauberstab waren auf den Boden gefallen.
Weeni ruderte aufgeregt mit den Armen. Hallo musste bei dem Anblick so loslachen, dass sein weißes Tuch flatterte.
Die Hexe schaute das lachende Gespenst böse an. „Hilf mir lieber!“, rief sie. Hallo unterdrückte den nächsten Kicheranfall, griff mit dem Zipfel seines Kleides nach den Händen der Freundin und flog nach oben. Nun konnte Weeni sich wenigstens auf einen Ast setzen.
Schließlich sind wir doch noch rechtzeitig zur Halloweenfeier gekommen. Beim Schein der Kürbislaterne erzählten Hallo und Weeni die ganze Geschichte, jeder auf seine Weise.

Sabine Trautmann

- Wie könnte Weeni wieder zu ihrem Besen gekommen sein?
- Wie erzählt Weeni die Geschichte?
- Wie erzählt Hallo sie?
- Schreibe eine Geschichte auf.

Die Kinder der 3a wollen ein Halloweenfest feiern.
Gemeinsam planen sie das Fest.

Kürbissuppe

- *Zutaten: 1 Zwiebel, 1 Esslöffel Öl, 5 Tassen Kürbiswürfel, 4 Tassen Gemüsebrühe, 1 Becher Kräuterfrischkäse, Salz, Pfeffer, Curry*
- *Zwiebel fein schneiden und in Öl andünsten*
- *Kürbiswürfel hinzufügen, kurz mit andünsten*
- *Gemüsebrühe aufgießen und 20 Minuten kochen lassen, danach pürieren*
- *Frischkäse zugeben und mit den Gewürzen abschmecken.*

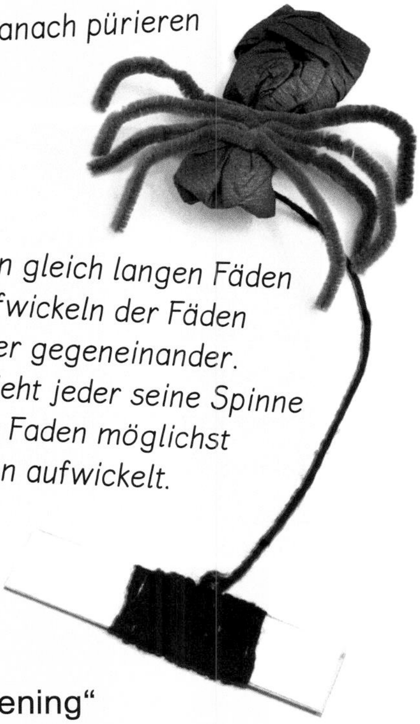

Spinnenwettrennen

Man braucht:

- *zwei gebastelte Spinnen an gleich langen Fäden*
- *zwei Pappstreifen zum Aufwickeln der Fäden*

Es spielen immer zwei Schüler gegeneinander. Nach dem Startkommando zieht jeder seine Spinne zu sich heran, indem er den Faden möglichst schnell auf den Pappstreifen aufwickelt. Wer wird Sieger?

Halloween

Das Wort Halloween leitet sich von „All Hallows' Evening" (Abend vor Allerheiligen) ab. Wir feiern das Fest in der Nacht vom 31. Oktober auf den 1. November. Dieser Brauch stammt noch aus den Zeiten vor Christi Geburt. Er geht auf keltische Bräuche zurück. Die Kelten 📖 glaubten, dass in dieser Nacht die Geister der Verstorbenen von den Lebenden Besitz ergreifen. Darum wurden ihnen Opfer gebracht, um sie davon abzuhalten.
Später wurde es Brauch, sich möglichst unheimlich anzuziehen, damit die Toten an den Menschen vorübergehen und sie nicht als Lebende erkennen. Die Masken dienten als Abschreckung.

- Plant selbst ein Halloweenfest.

Der kleine Straßenkehrer und die Blätter

Es war Herbst geworden, überall im Land und natürlich auch in der kleinen Stadt, in der es nur fünf Straßen gibt …

Jeden Morgen, wenn der kleine Straßenkehrer eine der fünf Straßen kehrte, schaute er zu den Bäumen hinauf. Noch hingen die gelben, roten und braunen Blätter an den Zweigen. Sie schaukelten im Wind und manchmal schwebte eins auf die Straße hinab. Dann kehrte der kleine Straßenkehrer es auf die Schaufel und damit war der Fall erledigt. Als er aber an einem Montagmorgen die Montagstraße kehren wollte, sah die Sache ganz anders aus. Wohin er auch schaute, tanzten rote, gelbe und braune Blätter durch die Luft.

„Ich muss warten, bis sie heruntergefallen sind", sagte der kleine Straßenkehrer. „Sonst machen sie mir die Straße wieder schmutzig."

Er lehnte den Besen an den Gartenzaun von Nummer 1 und wartete, bis die Montagstraße mit buntem Herbstlaub bedeckt war. Dann krempelte er die Ärmel auf, spuckte zweimal in die Hände und machte sich an die Arbeit. Diesmal lohnte es sich wirklich. Nicht nur der Eimer wurde voll, sondern auch der große Sack, der rein zufällig im Wagen lag.

„Das wäre geschafft", sagte der kleine Straßenkehrer zufrieden. „Es geht doch nichts über Ordnung." Aber er hatte sich zu früh gefreut. Schon wieder fielen braune, rote und gelbe Blätter von den Bäumen. Und die noch an den Zweigen hingen, schwankten bedenklich hin und her. „Ihr bleibt gefälligst oben!", rief der kleine Straßenkehrer und drohte ihnen mit dem Finger. „Meint ihr, ich will die ganze Arbeit zweimal machen?" Als er so mit den Blättern schimpfte, kam der Bäckerjunge vorbei.

„Warum regst du dich auf?“, fragte er. „Die bunten Blätter gehören zum Herbst. Wenn ein paar auf der Straße liegen, stört das keinen Menschen. Es sieht sogar hübsch aus.“
Da schaute sich der kleine Straßenkehrer die Blätter noch einmal genau an. Aber diesmal tat er es nicht mit den Augen eines Straßenkehrers, der für Ordnung sorgt, sondern mit ganz gewöhnlichen Menschenaugen. Und er begriff, dass der Bäckerjunge Recht hatte. „Sie sind wirklich hübsch“, sagte er. „Ich kann sie ruhig bis zum nächsten Montag liegen lassen.“ Dann lächelte er den Bäckerjungen an und ging zufrieden nach Hause.

Eva Marder

- Warum änderte der Straßenkehrer seine Meinung?
- Ihr könnt die Geschichte nachspielen.

November

Graue Tage: Nebel, Regen,
man kann sich nur im Haus bewegen.
Mittags schon das Licht einschalten,
Grau ist doch nicht auszuhalten!

Graue Tage: Heißt das auch
miese Stimmung auch im Bauch,
schlechte Laune, Öde, Frust,
zu gar nichts außer Fernsehn Lust?

Graue Tage: Mach sie bunt!
Streck die Zunge raus, na und!
Kannst das Wetter du nicht ändern,
geh doch durch den Regen schlendern!
Schleck ein Eis und sing ein Lied!
Du siehst, wie sich das Grau verzieht.

Georg Schwikart

- Welche Ideen hast du gegen graue Tage?

Winter

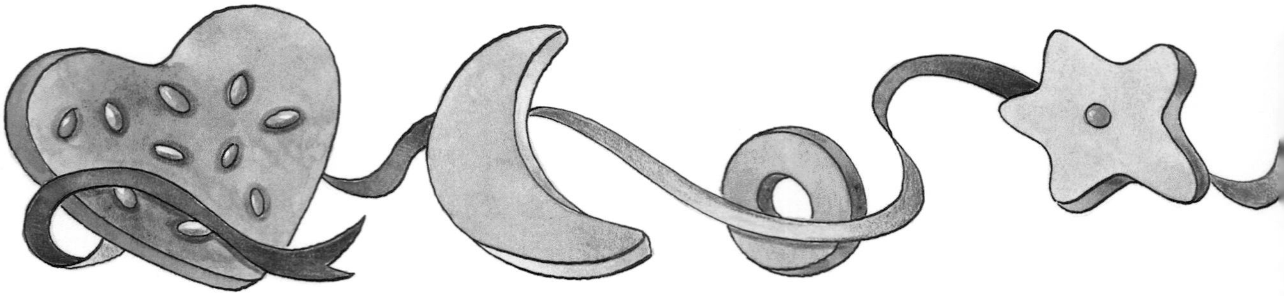

Weihnachten und Zuckerfest

Ich bin jetzt schon über drei Monate in der 3. Klasse. Manchmal finde ich Schule ganz schön anstrengend, aber in der Weihnachtszeit wird es fast kuschelig in unserem Klassenzimmer. Bunte Bilder schmücken die Fenster, gemalte Weihnachtsmänner lachen von den Wänden und über uns glitzern Sterne aus Silber- und Goldfolie. Auf dem Lehrertisch stehen Kerzen.

Jeden Montag feiern wir Advent. Dann stellt unsere Lehrerin, Frau Thiede, ein Adventsgesteck in die Mitte des Morgenkreises und zündet die Kerzen an. Einer von uns darf eine Geschichte vorlesen und anschließend lernen wir ein Weihnachtslied oder ein Gedicht.

„Warum soll ich das Weihnachtsgedicht auswendig lernen? Wir feiern zu Hause gar nicht Weihnachten."

Husseins Bemerkung trifft mich völlig unerwartet.

Natürlich weiß ich, dass Hussein Moslem ist. Doch was heißt das eigentlich? Und wenn er nicht Weihnachten feiert, bekommt er dann auch keine Geschenke?

Ich will gerade fragen, als Frau Thiede sagt: „Du hast Recht. Darüber habe ich noch nie nachgedacht. Ich muss euch etwas anderes aussuchen. Gibt es ein Gedicht zum Zuckerfest?"

Einige Kinder müssen lachen. „Zuckerfest" klingt ja auch komisch.

Dilara und Berkant finden es nicht so witzig. Als Frau Thiede sie fragt, wie sie das Zuckerfest feiern, werden sie sehr gesprächig.

„Wir feiern das Zuckerfest nach dem Fastenmonat Ramadan. Während dieser Zeit dürfen Erwachsene und Jugendliche nichts essen und trinken, solange es hell ist. Sie müssen viel beten und sich mit Feinden versöhnen.

Am Tag des Zuckerfestes ziehen wir unsere besten Kleider an und feiern mit der ganzen Familie: Eltern, Geschwistern, Großeltern, Onkeln, Tanten, Cousinen und Cousins.
Auch Freunde dürfen dabei sein.
Wir küssen den alten Leuten die Hände. So zeigen wir ihnen, wie sehr wir sie mögen und verehren. Anschließend bekommen wir Geld und Süßigkeiten. Alle essen zusammen und haben viel Spaß. Gedichte werden aber nicht aufgesagt."
Das ist ja fast wie Weihnachten, denke ich. Und plötzlich verstehe ich, warum Dilara, Hussein, Kübra und all die anderen Kinder meiner Klasse, deren Eltern Moslems sind, nicht Weihnachten feiern: Sie haben eine andere Religion.
In der Pause verrät mir Dilara, dass sie aber trotzdem zu Weihnachten Geschenke bekommt. Ihre Eltern schmücken sogar einen Weihnachtsbaum. Da werde ich fast ein bisschen neidisch. Dilara kriegt also zweimal etwas, einmal zum Zuckerfest und einmal zu Weihnachten, denn nur selten fallen beide Feste auf einen Tag.

Sabine Trautmann

- Welche Feste feierst du? Erzähle.
- Kennt ihr auch Menschen, die aus anderen Ländern kommen? Fragt sie, welche Feste sie feiern.
- Bei uns heißt es: „Fröhliche Weihnachten!" Welche Festtagsgrüße haben andere?

Eine Wintergeschichte

Es war einmal ein Mann. Er besaß ein Haus, einen Ochsen, eine Kuh, einen Esel und eine Schafherde. Der Junge, der die Schafe hütete, besaß einen kleinen Hund, einen Rock aus Wolle, einen Hirtenstab und eine Hirtenlampe. Auf der Erde lag Schnee.

Es war kalt und der Junge fror. Auch der Rock aus Wolle schützte ihn nicht. „Kann ich mich in deinem Haus wärmen?“, bat der Junge den Mann.

„Ich kann die Wärme nicht teilen. Das Holz ist teuer“, sagte der Mann und ließ den Jungen in der Kälte stehen. Da sah der Junge einen großen Stern am Himmel.

„Was ist das für ein Stern?“, dachte er.

Er nahm seinen Hirtenstab, seine Hirtenlampe und machte sich auf den Weg.

„Ohne den Jungen bleibe ich nicht hier“, sagte der kleine Hund und folgte seinen Spuren.

„Ohne den Hund bleiben wir nicht hier“, sagten die Schafe und folgten seinen Spuren.

„Ohne die Schafe bleibe ich nicht hier“, sagte der Esel und folgte ihren Spuren.

„Ohne den Esel bleibe ich nicht hier“, sagte die Kuh und folgte seinen Spuren.

„Ohne die Kuh bleibe ich nicht hier“, sagte der Ochse und folgte ihren Spuren.

„Es ist auf einmal so still“, dachte der Mann, der hinter seinem Ofen saß. Er rief nach dem Jungen, aber er bekam keine Antwort. Er ging in den Stall, aber der Stall war leer. Er schaute in den Hof hinaus, aber die Schafe waren nicht mehr da. „Der Junge ist geflohen und hat alle meine Tiere gestohlen“, schrie der Mann, als er im Schnee die vielen Spuren entdeckte.

Doch kaum hatte der Mann die Verfolgung aufgenommen, fing es an zu schneien. Es schneite dicke Flocken. Sie deckten die Spuren zu. Dann erhob sich ein Sturm, kroch dem Mann unter die Kleider und biss ihn in die Haut. Bald wusste er nicht mehr, wohin er sich wenden sollte. Der Mann versank immer tiefer im Schnee.

„Ich kann nicht mehr!“, stöhnte er und rief um Hilfe. Da legte sich der Sturm. Es hörte auf zu schneien, und der Mann sah einen großen Stern am Himmel. „Was ist das für ein Stern?“, dachte er.

Der Stern stand über einem Stall, mitten auf dem Feld. Durch ein kleines Fenster drang das Licht einer Hirtenlampe. Der Mann ging darauf zu. Als er die Tür öffnete, fand er alle, die er gesucht hatte, die Schafe, den Esel, die Kuh, den Ochsen, den kleinen Hund und den Jungen. Sie waren um eine Krippe versammelt. In der Krippe lag ein Kind. Es lächelte ihm entgegen, als ob es ihn erwartet hätte. „Ich bin gerettet“, sagte der Mann und kniete neben dem Jungen vor der Krippe nieder. Am andern Morgen kehrten der Mann, der Junge, die Schafe, der Esel, die Kuh, der Ochse und auch der kleine Hund wieder nach Hause zurück.

Auf der Erde lag Schnee. Es war kalt.

„Komm ins Haus“, sagte der Mann zu dem Jungen, „ich habe Holz genug. Wir wollen die Wärme teilen.“

Max Bolliger

- Welche Tiere und Personen kommen im Text vor?
- Lest den Text in verteilten Rollen.
- Ihr könnt die Wintergeschichte als Schattenspiel nachspielen. Was müsst ihr dafür planen?

Die Erfindung des neuen Jahres

Herr Bubbelkühm, der ein Erfinder ist, lebt ganz bescheiden im Hinterhaus. Seine Tochter Flämmchen mit den blumenstängeldünnen Beinen und dem kleinen Strohhut lebt bei ihm. Und dazu noch der Kater Mollibum. Morgens zieht Herr Bubbelkühm seine Erfinderhose an, dann beginnt er zu arbeiten. Viele großartige Dinge hat er schon erfunden: eine Buchseitenumdrehmaschine und sogar einen künstlichen Hund. Heute ist Herr Bubbelkühm traurig, denn es will ihm gar nichts Neues einfallen.

„Mach doch mal viereckige Seifenblasen“, meint Flämmchen. Doch, so viel sich Herr Bubbelkühm auch bemüht, die Seifenblasen werden alle rund. Da lässt er sie im Zimmer umherschweben.

„Ach“, seufzt er und schaut zum Fenster hinaus.

Als er sieht, wie die Leute frieren, beschließt er einen Warmluftpuster zu bauen. Zum Mitnehmen, wenn man spazieren geht! Flämmchen schaut zu. Sehr schön wird der Warmluftpuster, aber leider wird er auch ziemlich groß, und so ist er nicht recht praktisch.

„Heute will mir nichts gelingen“, sagt Herr Bubbelkühm. „Und dabei ist der Tag schon fast zu Ende.“

Ein bisschen bunten Schnee erfindet er noch und rotbackige Plastikäpfel.

„Äpfel, die man nicht essen kann, sind blöd“, sagt Flämmchen. Da stützt Herr Bubbelkühm seinen Kopf in die Hände und denkt in sich hinein.

„Warum ist es eigentlich so still?“, fragt er plötzlich.

„Ich weiß es!“, ruft Flämmchen. „Das alte Jahr geht zu Ende.“

„Und wenn es zu Ende gegangen ist?“, fragt Herr Bubbelkühm erschreckt.

„Ich muss ein neues Jahr erfinden! Schnell!“ Er dreht ein bisschen an seiner Erfindermaschine und überlegt. „Ein Jahr besteht aus Frühling, Sommer, Herbst und Winter“, grübelt er.

Für den Frühling fächelt er Seifenblasen oben in den Trichter hinein, für den Sommer pustet er fünf Pfund warme Luft hinterher, die Plastikäpfel sind für den Herbst und aus dem bunten Schnee soll ein richtiger Winter werden.

„Achtung!“, schreit Herr Bubbelkühm und stellt die Maschine ein. Flämmchen sitzt vorsichtshalber oben auf dem Schrank. Es knurrt und zischt, dann entsteht eine riesige Wolke und zum Schluss gibt es einen furchtbaren Knall.

Weit reißt Herr Bubbelkühm das Fenster auf. Da läuten draußen die Glocken und die Nacht ist hell vom Feuerwerk.

„Es ist gelungen!“, schreit Flämmchen. „Das neue Jahr ist da! Und mein Papa hat es erfunden!“

„Hoffentlich wird es ein gutes Jahr“, sagt Herr Bubbelkühm.

Gina Ruck-Pauquèt

- Überlege, wie die Jahreszeitenmaschine aussehen könnte. Du kannst sie auch malen.
- Suche alle zusammengesetzten Nomen aus der Geschichte heraus und schreibe sie ab.

Neujahrsnacht

In dieser Nacht um Mitternacht,
da tut es einen Schlag,
da steht das neue Jahr vor dir
und sagt dir guten Tag.

Und spricht: „Bin ich nicht pünktlich? Freund,
du selbst stehst auch bereit.
Auf, wollen wir gemeinsam gehn
ein Stücklein durch die Zeit.“

Josef Guggenmos

Das Gewicht der Schneeflocke

„Es schneit“, sagte der Wolf.

„Was du nicht sagst, Gevatter “, brummte der Bär.

„Mehr als tausend Schneeflocken“, sagte der Fuchs, „aber auf meinem Pelz spüre ich sie überhaupt nicht!“

„Sie schmelzen auf meiner Hasennase“, sagte der Hase, und dann fügte er noch nachdenklich hinzu: „Man spürt sie nicht. Doch sie haben ein Gewicht!“

„Eine Schneeflocke wiegt weniger als nichts“, knurrte der Wolf.

„Und sie hat keine Kraft“, brummte der Bär.

„Aber sie wiegt doch etwas, und sie hat auch Kraft“, sagte der Hase.

Die Tiere gerieten in Streit, ob eine Schneeflocke etwas wiegt oder nicht.

„Wir wollen die Schneeflocken zählen, die da auf den alten, dicken Ast fallen“, sagte der Hase. „Da wird man ja sehen, ob eine Schneeflocke Gewicht hat.“

Der Bär und der Wolf lachten so laut, dass es durch den ganzen Wald schallte. Aber weil sie gerade nichts Besseres zu tun hatten, zählten sie mit: „Eins … zwei … drei … vier … fünf … sechs … sieben …“

Als sie bei zweitausendachthundertsiebenundsechzig angekommen waren, sagte es plötzlich „Krach“, und der dicke, mächtige Ast brach ab.

„Der Hase hat Recht“, knurrte der Wolf, und sogar der Bär wunderte sich über die Kraft der Schneeflocke.

Frederik Vahle

- Warum brach der Ast ab?
- Welche Verben für „sprechen“ findest du im Text? Sie sagen dir, wie jemand spricht.
- Lest den Text nun mit verteilten Rollen.

Fastnacht und Karneval

Die närrische Zeit beginnt jedes Jahr am 11.11. um 11.11 Uhr. Ab diesem Zeitpunkt gibt es Karnevalsveranstaltungen im ganzen Land und in Süddeutschland auch Narrentreffen der Narrenzünfte. Die Fastnacht ist aus einem alten Brauch entstanden. Sie war ursprünglich ein Frühlingsfest, das gefeiert wurde, um den Winter auszutreiben. Die Menschen maskierten sich und wollten dem Winter Angst machen, sodass er sich schneller zurückzieht. In vielen Gegenden Deutschlands wird Fastnacht gefeiert, aber dies recht unterschiedlich: Im Rheinland heißt die Zeit Karneval. Der eigentliche Straßenkarneval beginnt dort an Weiberfastnacht, dem Donnerstag vor Rosenmontag. Am Rosenmontag, dem Höhepunkt des Karnevals, finden die Umzüge statt. Köln, Düsseldorf und Mainz sind bekannt für ihre besonders aufwändigen und schönen Umzüge. In Süddeutschland nennt man die Zeit Fastnacht oder auch Fasnet. Auch hier beginnt mit dem „Schmutzigen Donnerstag“, dem Donnerstag vor dem Rosenmontag, die eigentliche närrische Zeit. Bekannt ist die schwäbisch-alemannische Fastnacht. Dort gibt es viele verschiedene Fastnachtsfiguren wie die Hexe, den Teufel oder das Spättle. Alle tragen Masken oder Larven, die entweder aus Stoff genäht sind oder aus Holz geschnitzt werden. Das Kleid wird „Häs“ genannt. Die Umzüge sind sehr farbenfroh. Am Aschermittwoch ist das Feiern vorbei und es beginnt die Fastenzeit.

Angela Hock-Schatz

- Was erfährst du über Fastnacht und Karneval? Notiere es.

Frühling

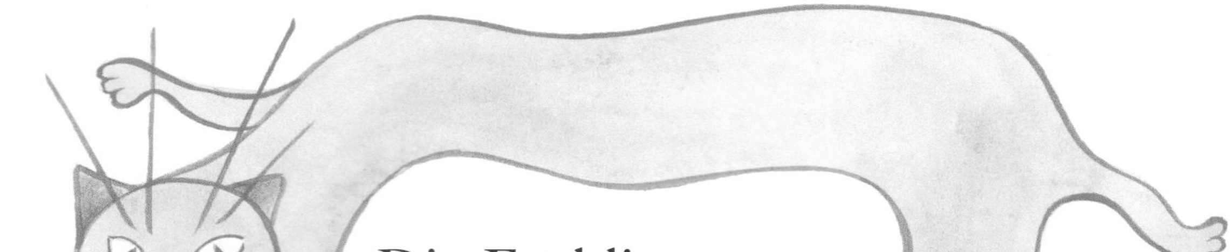

Die Frühlingssonne

Unhörbar wie eine Katze
kommt sie über die Dächer,
springt in die Gassen hinunter,
läuft durch die Wiesen.

Oh, sie ist hungrig! Aus jedem
verborgenen Winkel schleckt sie
mit ihrer goldenen Zunge den Schnee.

Er schwindet dahin wie Milch
in einer Katzenschüssel.
Bald ist die Erde wieder blank.

Die Zwiebelchen unter dem Gras
spüren die Wärme ihrer Pfoten
und beginnen neugierig zu sprießen.

Eins nach dem andern blüht auf.
Schneeglöckchen, Krokus und Tulpe,
weiß, gelb, lila und rot.
Die zufriedene Katze strahlt.

Christine Busta

- Male zu jeder Strophe ein Bild.
- Sammle passende Adjektive für den Frühling und schreibe sie auf.
- Du kannst ein Elfchen, ein Haiku oder ein Rondell über den Frühling schreiben.

Flunkerfranz

Es war einmal ein Hase, der die tollsten Geschichten erfand.

Und immer, wenn jemand etwas erzählte, dann wusste er eine Geschichte, die noch ungewöhnlicher und noch aufregender war.

Dabei log er das Blaue vom Himmel herunter.

Er log, dass sich einem Schwein der Pelz sträubte und dass sich jedem Huhn die Hörner bogen. Man konnte Flunkerfranz schon von weitem erkennen, weil sein mittleres Ohr etwas länger war als das rechte und das linke. Auch wenn er davonlief, war er nicht zu verwechseln: Er hatte einen hübschen braunweiß karierten Stummelschwanz.

Franz züchtete in seinem Garten Möhren. Die waren so groß, dass er sie mit einem Bagger herausziehen musste. Und das spätestens im April! Sonst wuchsen sie nämlich so tief in die Erde hinein, dass sie auf der anderen Seite der Welt wie Bergspitzen herausbrachen. Aus den Kartoffeln, die an seinen Apfelbäumen wuchsen, bereitete er köstliches Birnenkompott.

Und wenn er auf seiner silbernen Holzflöte spielte, dann fielen vor Schreck die Fische von den Bäumen und die Vögel von den Radieschensträuchern. Ich habe ihn Ostern besucht, da legte er gerade viereckige Ostereier. Siebenhundert Stück. Es war genau die Menge, die in den Kofferraum des gelben Hubschraubers passte, mit dem er geräuschlos zum Eierverstecken flog. Er legte die Eier in die Nester, die die Vögel freundlicherweise für ihn in Bäumen und Büschen gebaut hatten.

Wenn ich es nicht mit eigenen Ohren gesehen hätte, wirklich, ich würde es nicht glauben! Außerdem kann ich einfach nicht verstehen, wie einer so schwindeln kann wie der Flunkerfranz.

Könnt ihr das?

Ich könnte das nie!

Ursel Scheffler

- Nenne Dinge, die in der Geschichte nicht stimmen.
- Du kannst dir auch eine eigene Flunkergeschichte ausdenken.

Rund ums Ei

Viktor und Helena wollen Ostereier anmalen. Da Mutter nur braune Eier im Haus hat, stellen sie enttäuscht fest, dass man die Farbe kaum sieht. Da hat Helena eine Idee.
Sie ruft: „Wir basteln Eierhäschen.“
Zuerst bohren sie mit einer Nadel ein kleines Loch in die beiden Enden des Eies. Dann blasen sie die Eier aus. Anschließend schneiden sie aus braunem Karton Ohren und Füße für den Hasen aus.
An die runde Seite der Eier kleben sie die Füße.
Die Ohren werden an die obere Seite geklebt.
Mit einem schwarzen Filzstift malen sie nun die Augen und eine Nase mit Schnurrhaaren auf.
Am Ostermorgen sitzen die Osterhäschen als Überraschung auf dem Ostertisch.

- Kennst du noch weitere Osterbasteleien? Stelle sie der Klasse vor.

Woher kommt das Osterei?
Schon im Mittelalter verschenkte man zu Ostern Eier. Sie galten als ein Symbol für das Leben. Bunte Ostereier kennt man seit ungefähr 200 Jahren.

Roh oder gekocht?
Wenn du nicht weißt, ob ein Ei roh oder gekocht ist, drehe es vorsichtig wie einen Kreisel auf dem Tisch. Das gekochte Ei dreht sich ruhig. Ist es noch roh, wackelt es.

Das Liebesbrief-🥚

🥚n Huhn verspürte große Lust,
unter den Federn in der Brust,
aus Liebe dem Freund,
🥚nem Hahn, zu schr🥚ben,
er solle nicht länger
in Düsseldorf bl🥚ben.
Er solle doch lieber
hier – zu ihr 🥚len
und mit ihr
🥚ne 🥚nsame Stange t🥚len,
auf der sie schlief.
Das stand im Brief.

Wir müssen noch sagen:
Es fehlte ihr an gar nichts.
Außer an Briefpapier.
Da schrieb sie ganz 🥚nfach
und deutlich mit Bl🥚
den Liebesbrief auf ein Hühner🥚.
Jetzt noch mit einer Marke bekleben
und dann auf dem Postamt abgegeben.

Da knallte der Postmann
den Stempel aufs 🥚.
Da war sie vorb🥚.
Die Liebel🥚.

Janosch

- Welche Wörter mit Ei/ei findest du im Gedicht? Schreibe sie in dein Heft.
- Suche im Wörterbuch noch mehr Ei/ei-Wörter.

Majas erster Flug

An einem schönen Frühlingstag schlüpfte die kleine Biene Maja aus ihrer Zelle . Kassandra, eine ältere Bienendame, half ihr dabei. Sie unterrichtete Maja in all den Dingen, die für junge Bienen wichtig waren.
In der Nacht vor Majas erstem Flug konnte die kleine Biene vor Aufregung und Neugier kaum schlafen. Endlich war es soweit. Der Torhüter gab Maja das Losungswort, ohne das sie nicht mehr in den Bienenstaat zurückkommen konnte. Nun stand sie auf dem Flugbrett, hob ihr Köpfchen und bewegte ihre schönen Flügel.

Ihre Augen glänzten, ihr Herz jubelte.
„Ich fliege“, rief sie, „das kann nur Fliegen sein, was ich tue! Das ist aber in der Tat etwas ganz Ausgezeichnetes.“
„Ja, du fliegst“, sagte die Honigträgerin, die Mühe hatte, an Majas Seite zu bleiben.
Sie zeigte Maja die Linden, die ihr die Lage des Bienenstocks zeigen sollten.
„Aber du fliegst wirklich sehr schnell, Maja.“
„Das kann man gar nicht rasch genug“, sagte Maja. „Oh, wie duftet der Sonnenschein!“
„Nein“, sagte die Trägerin, „das sind die Blüten. Aber nun fliege langsamer, sonst bleibe ich zurück, und du kannst dir auch auf diese Art die Gegend für den Rückweg nicht merken.“
Aber die kleine Maja hörte nicht. Sie war wie in einem Rausch von Freude, Sonne und Daseinsglück … So schön wird es nie mehr, wie es heute ist, dachte sie, ich kann nicht umkehren, ich kann an nichts denken als an die Sonne.

Unter ihr wechselten die bunten Bilder, langsam und breit zog das friedliche Land im Licht dahin. Die ganze Sonne muss aus Gold sein, dachte die kleine Biene. Als sie über einem großen Garten angelangt war, der in lauter blühenden Wolken von Kirschbäumen, Rotdorn und Flieder zu ruhen schien, ließ sie sich erschöpft nieder. Sie fiel in ein Beet von roten Tulpen und hielt sich an einer der großen Blüten fest, presste sich an die Blumenwand, atmete tief und beseligt und sah über den schimmernden Lichträndern der Blume den strahlend blauen Himmel.

„Oh, wie tausendmal schöner ist es in der großen Welt draußen“, rief sie, „als in der dunklen Bienenstadt. Niemals werde ich nach dort zurückkehren, um Honig zu tragen oder Wachs zu bereiten. O nein, niemals werde ich das tun. Ich will die blühende Welt sehen und kennen lernen, ich bin nicht wie die anderen Bienen, mein Herz ist für Freude und Überraschung, für Erlebnisse und Abenteuer bestimmt. Ich will keine Gefahr fürchten, habe ich nicht Kraft, Mut und einen Stachel?“

Sie lachte vor Übermut und Freude und nahm einen tiefen Schluck Honigsaft aus dem Kelch der Tulpe.

Großartig, dachte sie, es ist wirklich herrlich zu leben. Ach, wenn die kleine Maja geahnt hätte, wie Vielerlei an Gefahren und Not ihrer wartete, hätte sie sich sicher besonnen. Aber sie ahnte es nicht und blieb bei ihrem Vorsatz. Ihre Müdigkeit überwältigte sie bald und sie schlief ein. Als sie erwachte, war die Sonne fort, und das Land lag in Dämmerung. Ihr Herz schlug doch ein wenig und sie verließ zögernd die Blume, die im Begriff war, sich für die Nacht zu schließen. Unter einem großen Blatt, hoch im Wipfel eines alten Baumes, versteckte sie sich und im Einschlafen dachte sie zuversichtlich: …

Waldemar Bonsels

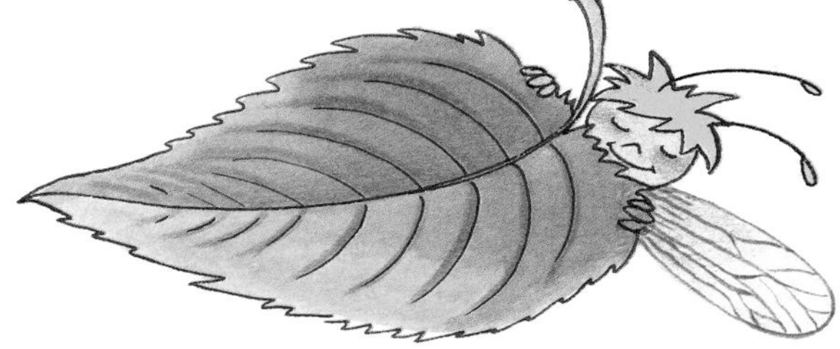

- Welchen Traum könnte Maja haben? Schreibe ihn auf.

Sommer

Was ist eine Wiese?

Was ist eine Wiese?
Futter für die Kuh.
Und noch was dazu.
Gras und Blumen, Schmetterlingsflügel.
Bienensummen.
Ameisengekrabbel.
Käfergezappel.
Achtung, Maulwurfshügel!
Margeriten.
Rote Federnelken vor dem blauen Himmel.
Heupferd übt den Weitsprung bis zum Kümmel.
Ein Kamillebusch öffnet zwei Blüten.
Sommerfliegen flitzen
über Storchschnabelmützen.
Hummeln brummeln im Honighaus
ein und aus.
Glockenblumen bammeln und bummeln.
Unten am Löwenzahn geigt eine Grillenschnarre.
Der Wind spielt mit den Halmen Harfe oder Gitarre,
alles regt sich oder bewegt sich,
alles, was da lebt und schwebt,
leuchtet, knistert, flüstert, brummelt, bummelt.
Was ist eine Wiese? –
Das ist eine Wiese.

Friedl Hofbauer

- Welche Verben findest du im Gedicht? Schreibe sie heraus.
- Welche Pflanzen kommen im Gedicht vor?
- Ihr könnt ein eigenes Pflanzenbuch anlegen.

Der Seerosenteich

Claude Monet, Der Seerosenteich, 1899

Das Bild „Der Seerosenteich“ stammt von dem berühmten französischen Maler Claude Monet. Er wurde 1840 in Paris geboren.
In seinem Garten, in Giverny bei Paris, legte er einen Seerosenteich an, in den er viele verschiedene Arten von Seerosen pflanzte. Da Monet die Seerose besonders mochte, malte er sie immer wieder. Durch den Seerosenteich floss ein kleiner Fluss, über den er eine japanische Holzbrücke bauen ließ. Auch diese Brücke hat Monet oft gemalt. Jedes Bild sieht ein bisschen anders aus, je nachdem, wie hoch die Sonne am Himmel stand.
Claude Monet war ein Impressionist. Die Impressionisten malten gern im Freien. Beim Malen kam es ihnen darauf an, das Licht und das Farbspiel einzufangen sowie ihre Gefühle auszudrücken.

- Was empfindest du, wenn du das Bild betrachtest?

Noch einmal von vorne

Ferdinand steht vor der Wohnzimmertür und zählt. „Eins, zwei, drei, vier... Bei zehn geh ich hinein ... neun, zehn, elf, zwölf ...“

Ferdinand schaut sich um.

„Also bis zwanzig. Dann tu ich’s ... dreizehn, vierzehn ... Papa wird bestimmt wieder schimpfen ... neunzehn, zwanzig ... einundzwanzig, zweiundzwanzig ... Zum Glück ist Mama da.“

Ferdinand bewegt vorsichtig die Finger seiner linken Hand. Er spürt das Papier. Es ist noch da.

„Und ich muss es ihm zeigen. Deutsch 5, Mathe 5. Nicht versetzt.“

Wieder schaut sich Ferdinand um.

„Ich fang noch mal von vorne an. Eins, zwei, drei ... soll er mich doch schimpfen oder auslachen oder verprügeln oder alles zusammen. Ist mir doch egal ... acht, neun, zehn!“

Langsam hebt Ferdinand den rechten Arm. Seine Finger umschließen die Türklinke.

„Jetzt tu ich’s. Ganz bestimmt.“ Doch bevor Ferdinand es schafft, hört er drinnen Schritte. Plötzlich wird die Tür geöffnet und sein Vater steht vor ihm. Wortlos streckt Ferdinand ihm das Zeugnis entgegen. Der Vater nimmt es und liest es durch. Dann schaut er Ferdinand an.

„Schlimm, was?“ Ferdinand nickt.

Manfred Mai

Tippitip im Tierheim

Im Sommer packen Andrea und ihre Eltern die Koffer. Sie wollen eine Flugreise in den Süden machen. Tippitip ist unruhig. Was ist los? Er läuft zwischen den Sachen herum und ist überall im Weg.

„Tippitip kann nicht mitkommen“, sagt der Vater. „Wir bringen ihn solange ins Tierheim.“ Sie fahren mit Tippitip in ein Haus, in dem es viele kleine, vergitterte Räume gibt. In jeder dieser Zellen sitzt ein Hund. Alle Hunde bellen Tippitip an. Ein Mann spricht freundlich mit ihm. Aber dann ist Tippitip plötzlich eingesperrt! Tippitip will nicht hier bleiben!

„Wir holen dich ja wieder“, sagt Andrea. Sie sieht traurig aus. Dann geht sie fort. Tippitip legt die Schnauze auf die Pfoten und beginnt zu warten. Manchmal kommen Leute. Nie ist Andrea dabei. Die anderen Hunde bellen. Aber Tippitip bellt nicht mit.

Der Tag vergeht, und ein neuer Tag kommt. Es wird Nacht und wieder Tag. Morgens klirren die Schlüssel. Es wird sauber gemacht, dann gibt es Futter. Mittags darf Tippitip auf der Wiese spazieren gehen. Nachmittags kommen die Leute. Manchmal nehmen sie einen Hund mit. Ihren eigenen oder einen von denen, die zu niemandem gehören.

Tippitip gehört zu Andrea. Aber wo ist Andrea? Auf einmal steht Andrea da. Die richtige, leibhaftige Andrea. „Tippitip!“, sagt sie. Und alles ist wieder gut.

Gina Ruck-Pauquèt

… eine Tierheimpflegerin erzählt: „Unser Tierheim ist voll. Gerade jetzt zur Ferienzeit werden viele Hunde ausgesetzt. Die Leute wollen verreisen und das Haustier stört plötzlich. Mein allergrößter Wunsch wäre, dass man das Für und Wider vor dem Kauf eines Tieres gründlich überlegt.“

Dackeldame Hilde (6)

Den habe ich aus dem Tierheim.

Begriffe wiederholen
Nomen

Auch Gefühle und Gedanken werden durch Nomen benannt.
Sie werden großgeschrieben und haben Artikel:
der Streit, die Idee, das Glück.

1. Schreibe die Nomen aus der Wörterschlange mit Artikel auf.
2. Bilde mit fünf dieser Nomen Sätze.
   Schreibe so: *Der Streit mit dir macht mich traurig.*

Bei zusammengesetzten Nomen richtet sich der Artikel immer nach dem zweiten Nomen.
Manche dieser Nomen werden mit einem -s oder -es verbunden.

Tag – Zeit	Mittag – Pause	Freundschaft – Band
Geburt – Tag	Unterricht – Stunde	Glück – Rad
Verkehr – Zeichen	Freund – Kreis	

3. Bilde zusammengesetzte Nomen.
   Schreibe so: *der Tag, die Zeit: die Tageszeit, …*
4. Unterstreiche -s oder -es farbig.
5. Schreibe Sätze mit jedem zusammengesetzten Nomen.

Pronomen

Für Nomen kann man **Pronomen (Fürwörter)** einsetzen:
ich, du, er, sie, es, wir, ihr, sie.
Pronomen richten sich nach dem Artikel des Nomens:
der Mann – er, die Frau – sie, das Kind – es, die Kinder – sie.
Mit Pronomen kann man Wortwiederholungen vermeiden.

Isa ist in den Ferien bei ihren Großeltern. Sie schreibt ihrer Freundin:

Liebe Susanne,
Oma und Opa unternehmen jeden Tag etwas mit mir. Heute fahren
Oma und Opa mit mir Fahrrad. Ziel ist wieder der Streichelzoo.
Der Streichelzoo befindet sich im Nachbardorf. Dort gibt es Esel.
Die Esel sind meine Lieblingstiere. Sogar einen Pfau sieht man.
Der Pfau ist sehr schön.
Deine Isa

❶ Schreibe den Brief auf.
Ersetze dabei die unterstrichenen Nomen durch Pronomen.

Die Anredepronomen „Sie", „Ihr", „Ihre" und „Ihnen"
werden großgeschrieben.

Isa schreibt auch an ihre Lehrerin:

Liebe Frau Klaus,
viele Grüße sendet ___ ___ Schülerin Isa. Ich verbringe tolle
Ferientage bei meinen Großeltern. Da werden ___ staunen,
was ich ___ nach den Ferien alles berichten kann.
Ich wünsche ___ noch schöne Ferientage.
Herzliche Grüße, ___ Isa

❷ Schreibe den Brief mit den richtigen Anredepronomen auf.
Unterstreiche sie farbig.

Adjektive

Mit Adjektiven kann man vergleichen:
- genauso **hoch** wie ... (Grundstufe)
- **höher** als ... (Höherstufe)
- **am höchsten** ... (Höchststufe).

hoch	fleißig	schön	leicht	gut	eng	kalt	spät	groß

❶ Zeichne die Tabelle in dein Heft.
Ergänze die Vergleichsstufen der Adjektive.
Unterstreiche die Veränderungen.

Grundstufe	*Höherstufe*	*Höchststufe*
hoch	*höher*	*am höchsten*

Ob ein Wort am Ende mit -ig oder -lich geschrieben wird, hörst du, wenn du es verlängerst: fröhlich – fröhliche, selig – selige.

täg-	art-	ehr-	schmutz-	mut-	deut-	fleiß-	eil-	freund-

❷ Schreibe die Wörter mit der richtigen Endsilbe untereinander auf.

❸ Schreibe dann so daneben: *täglich – die täglichen Pflichten, ...*

Die Vorsilbe un- verkehrt Adjektive oft ins Gegenteil: klar – unklar.

Patrick schreibt sauber. Die Buchstaben setzt er ordentlich.
Die Wortabstände sind gleichmäßig. Das Schriftbild wirkt ruhig.

❹ Schreibe die Sätze ab. Unterstreiche die Adjektive.

❺ Schreibe die Sätze mit den gegenteiligen Adjektiven auf.

Verben

Das Verb gibt an, in welcher Zeit etwas geschieht.
Das **Präsens** (die **Gegenwart**) zeigt an,
dass etwas jetzt stattfindet: er **läuft.**
Das **Präteritum** (die **einfache Vergangenheit**) zeigt an,
dass etwas vor längerer Zeit stattfand: er **lief.**

In der Projektwoche gestaltet
die Klasse 3a den Schulgarten.
Dabei helfen die Eltern.
Der Lehrer bedankt sich bei den fleißigen Helfern.
Die Schüler der Klasse 3b zeigen
ein Theaterstück.
Danach essen alle Kuchen.

Ich habe auch mitgeholfen.

1. Schreibe den Text ab.
2. Unterstreiche die Verben.
3. Schreibe den Text im Präteritum auf.

Das **Perfekt** (die **vollendete Gegenwart**) zeigt an, dass ein Geschehen bereits abgeschlossen ist. Man verwendet es häufig beim mündlichen Erzählen. Es wird mit den Hilfsverben „haben“ oder „sein“ gebildet: sie **hat gelacht,** er **ist gelaufen.**

Simon aus der Klasse 3a erzählt, was er gemacht hat:

Unkraut jäten	Pflanzen setzen	Blumen wässern
Rasen mähen	Zwiebeln stecken	Beete harken

4. Bilde Sätze im Perfekt.
Schreibe so: *Ich habe Unkraut gejätet.*

Satzglieder

Ein Satz setzt sich aus **Satzgliedern** zusammen.
Satzglieder bestehen aus einem Wort oder mehreren Wörtern. Die Wörter eines Satzgliedes bleiben beim Umstellen immer zusammen.

Der Unterricht in unserer Klasse beginnt montags mit dem Morgenkreis.

1. Schreibe den Satz ab. Trenne die Satzglieder durch Striche voneinander.
2. Stelle den Satz um. Jedes Satzglied soll einmal am Satzanfang stehen.

Auf die Frage Wer? oder Was? antwortet das Subjekt (Satzgegenstand).

Das Eichhörnchen lebt auf Bäumen. Es frisst Nüsse und Beeren.
In der Dunkelheit verlässt der Fuchs seinen Bau unter der Erde.
In vielen Gärten leben Igel. Am liebsten vertilgen sie Regenwürmer, Schnecken und Fallobst.

3. Schreibe die Sätze ab. Erfrage das Subjekt und unterstreiche es.

Auf die Frage Was tut jemand? oder Was geschieht? antwortet das Prädikat (Satzaussage).

Alle Kinder ___ Tiere. Unsere Katze ___ fünf Junge ___.
Meine Freunde ___ sich nun auch eine kleine Katze.
Die Katzenkinder ___ noch sechs bis acht Wochen bei der Mutter ___.
Dann ___ meine Freunde ihre Kätzchen ___.

lieben	hat bekommen	wünschen	müssen bleiben	können abholen

4. Schreibe die Sätze auf. Setze dabei die passenden Prädikate ein.
5. Unterstreiche die Prädikate farbig.

Auf die Frage Wann? oder Wie lange? antwortet die Bestimmung der Zeit.

Früher gab es Dinosaurier.
Das Kino beginnt um 20 Uhr.

Ulli geht um 17 Uhr zum Fußball.
Ich fahre zwei Wochen in den Urlaub.

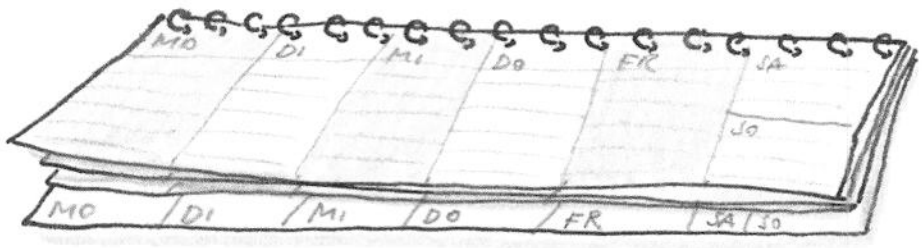

1. Schreibe die Sätze ab.

2. Markiere die Bestimmung der Zeit.

Auf die Frage Wo?, Woher? oder Wohin? antwortet die Bestimmung des Ortes.

Der Bleistift liegt ___ .

___ sprudelt das Wasser.

Die Klasse 3 geht ___ .

Die Lava strömt ___ .

___ steht unser Auto.

Die Familie radelt ___ .

auf der Schulbank	aus dem Vulkan	zum Badesee
vor der Garage	aus der Quelle	in den Zoo

3. Schreibe die Sätze ab.
Ergänze dabei die Bestimmungen des Ortes.

Durch das Ergänzen weiterer Satzglieder kann man genauere Informationen geben.

Piri liest.

4. Erweitere den Satz mit diesen Satzgliedern:

ein Buch	über Tiere	mit Igel Manfred	manchmal

Sätze

Es gibt Fragesätze, die ohne Fragewörter beginnen.
Bei ihnen steht das Verb am Satzanfang.

Die Fußballer kommen auf das Spielfeld.
Der Schiedsrichter legt den Ball bereit.
Alle warten auf den Anstoß.
Das Spiel beginnt mit dem Anpfiff.

1. Schreibe die Sätze ab. Unterstreiche die Verben.
2. Bilde aus den Aussagesätzen Fragesätze.
   Schreibe so: *Kommen die Fußballer ...?*

Was man spricht, heißt **wörtliche Rede.** Man setzt die wörtliche Rede in **Anführungszeichen.** Der **Begleitsatz** sagt uns, wer und wie jemand spricht. Er kann vor oder hinter der wörtlichen Rede stehen.
Aysu fragt: „Gehst du mit in den Zoo?"
„Gehst du mit in den Zoo?"**, fragt Aysu.**

Ist das die Neue? | , fragt Jonas. | Sarah antwortet | Ja.

Jonas meint | Ich finde, sie sieht sehr nett aus.

Du kannst neben mir sitzen! | , ruft Jana.

Die Neue sagt | Ich bin Maria und komme aus Trier.

Willst du mit uns Handball spielen? | , erkundigt sich Jana.

3. Schreibe den Text ab und setze die Zeichen der wörtlichen Rede.
4. Unterstreiche farbig, was die Kinder sagen.

Sätze können durch **Bindewörter** miteinander verbunden werden.
Solche Bindewörter sind zum Beispiel: **denn, aber** und **weil.**
Vor diesen Bindewörtern steht ein **Komma:**
Tina möchte eine Katze haben**, aber** ihre Mutter erlaubt es nicht.

Der Vater gräbt im Herbst das Beet um, ___ die Erde gelockert werden muss. Das Eichhörnchen hat die Nüsse versteckt, ___ es findet sie nicht mehr. Die Erde ist hart gefroren, ___ es herrscht strenger Frost.

1. Verbinde die Satzteile. Verwende dazu: weil, aber, denn.
2. Unterstreiche das Komma und das Bindewort.

Paul steht um 7 Uhr auf.	Er muss um 8 Uhr in der Schule sein.
Die Kinder müssen sich jetzt sehr beeilen.	Die Theatervorstellung beginnt um 15 Uhr.
Paul hat fleißig für das Diktat geübt.	Er hat trotzdem einen Fehler gemacht.
Svenja ruft Max an.	Sie will mit ihm ins Kino gehen.
Ali hat sich erkältet.	Er hat sich keine Jacke angezogen.
Isa bekommt in Musik eine Eins.	Sie kann wunderschön singen.

3. Bilde jeweils aus den zwei nebeneinander stehenden Sätzen einen Satz. Verbinde sie mit aber, denn oder weil.
4. Schreibe die Sätze auf. Markiere das Komma und das Bindewort farbig.

Silben

Wörter werden nach Sprechsilben getrennt. Jede Sprechsilbe enthält mindestens einen Vokal. Doppelkonsonanten werden meistens zwischen diesen getrennt: käm-men, aber: be-kannt.

Kartoffelknödelrezepte, Sommereistorte, Gewitterregenwetter, Tannennadelbadeöl, Unterwasserfarben, Wassermelonenkerne

1. Schreibe die Wörter ab.
   Setze die Silbenbögen.
   Unterstreiche die Vokale.

Kartoffel	*knödel*	*rezepte*
Kar-tof-fel	*knö-del*	*re-zep-te*

2. Erkläre, warum hier nicht getrennt wird: ihr wisst, ihr müsst.

Die Bedeutung von Verben kann durch Vorsilben verändert werden. Vorsilben sind zum Beispiel: **ab-, aus-, be-, ent-, ver-, zer-.**

ent		zer		auf	
zu	sehen	ent	stehen	ab	fahren
an		ver		aus	

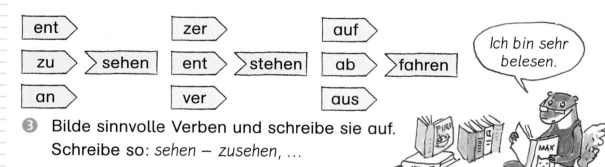

Ich bin sehr belesen.
MAX

3. Bilde sinnvolle Verben und schreibe sie auf.
   Schreibe so: *sehen – zusehen, …*

4. Bilde Sätze mit den Verben.

Wörter mit den Endsilben -heit, -keit, -schaft, -nis und -ung sind Nomen.

frech	faul	wagen	geheim	heiter
warnen	zeichnen	eigen	gemein	einsam

5. Bilde mit den Endsilben Nomen: *frech – die Frechheit, …*

Vokale und Konsonanten

Nach einem kurz gesprochenen Vokal steht oft tz: Hịtze.

Pfütze	Spatz	Satz	Platz	Mütze	Witz	Blitz	Katze
platzen	petzen	wetzen	sitzen	fetzen	hetzen	schmutzig	putzig

1. Bilde Sätze, in denen viele dieser Wörter vorkommen:
Viele putzige Spatzen sitzen in einer schmutzigen Pfütze.

2. Markiere den kurz gesprochenen Vokal oder Umlaut und tz.

Nach einem kurz gesprochenen Vokal steht oft ck.
Es darf nicht getrennt werden, weil ck ein Laut ist: pạ-cken.

3. Welche Silben gehören zusammen?
Schreibe so: *Mụ̈-cke: die Mụ̈cke, …*

4. Setze unter den kurz gesprochenen Vokal oder Umlaut einen Punkt.

Bei einem weichen s-Laut nach einem lang gesprochenen Vokal oder Umlaut steht ein s: der Hase, der Käse.
Bei einem scharfen s-Laut nach kurz gesprochenem Vokal oder Umlaut steht ss, nach lang gesprochenem ß.

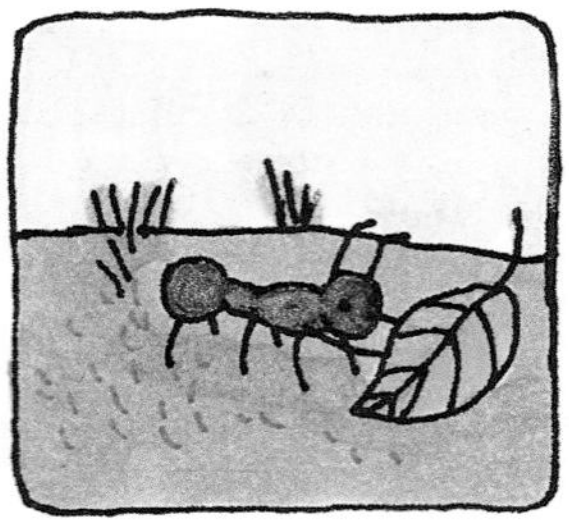

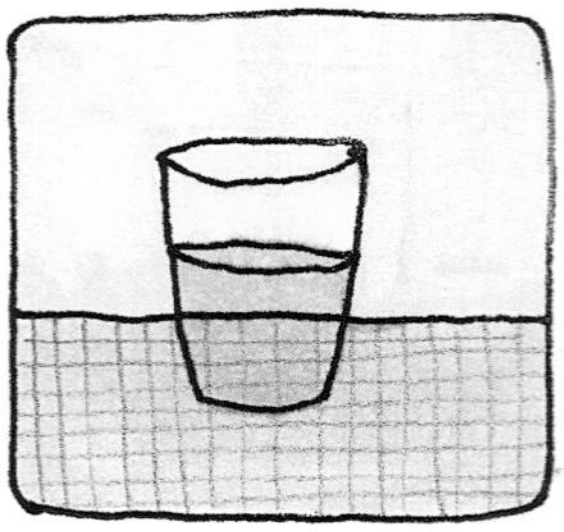

1. Schlage die abgebildeten Dinge in der Wörterliste nach.
2. Schreibe die Wörter mit Artikel auf.

Ein Prinz auf einem wei   en Ro
ritt herbei von seinem Schlo   .
Dieser Tag war äu   erst hei
und den beiden rann der Schwei   .
Als sie erreichten einen Flu   ,
badeten sie mit viel Genu   .

3. Setze ss und ß richtig ein. Schreibe das Gedicht ab.
4. Suche weitere Wörter mit s, ß und ss aus der Wörterliste heraus. Ordne sie in eine Tabelle ein.

Wird in einem Wort ein Vokal lang gesprochen, folgt oft ein Dehnungs-h: die Bohne.

Fahrzeug	Zahl	Fahrgast	Zähler
Jahr	wohnen	Jahrmarkt	jährlich
Wohnung	fahren	wohnlich	zahlen

1. Schreibe die Wörter ab.
2. Markiere den lang gesprochenen Vokal oder Umlaut und unterstreiche das Dehnungs-h.
3. Je drei Wörter gehören zur selben Wortfamilie.
   Schreibe so: *das Fahrzeug – der Fahrgast – fahren, …*

Die Verbindungen ng und nk sind im Wort nur als ein Laut zu hören: die Angst, links.
Mehrsilbige Wörter mit ng und nk kann man trennen: lan-ge, den-ken.

Wie heißt das Gegenteil?

Schnell ist nicht ___,
___ ist nicht alt,
___ ist nicht gesund,

kurz ist nicht ___,
___ ist nicht hell,
___ ist nicht rechts.

4. Ergänze die Wortgruppen durch Adjektive mit ng und nk.
5. Schreibe sie auf. Unterstreiche ng und nk.
6. Bilde mit den Adjektiven Sätze.
   Schreibe so:
   Die Autos fahren vor der Schule langsam.

Rechtschreibhilfen

Wörter kann man in Silben und Wortbausteine zerlegen.
Wenn du dir deren Schreibung einprägst, kannst du viele Wörter selbstständig bilden und richtig schreiben.

die Ver | los | ung

- besteht aus der Vorsilbe ver-: deshalb wird es immer mit v geschrieben

- besteht aus dem Wortstamm „los“: er wird immer ohne h geschrieben

- besteht aus der Endsilbe -ung: deshalb wird es immer mit g geschrieben, auch wenn du es nicht hören kannst
- die Endsilbe -ung weist außerdem auf die Großschreibung hin
- die Artikelprobe bestätigt dir die Großschreibung (Nomen)

vorsagen	Vorfreude	verbindlich	Erlebnis	freundlich

❶ Schreibe die Wörter ab. Gliedere sie in ihre Wortbausteine.
Schreibe so: *vor | sag | en – Vorsilbe | Wortstamm | Endung*

Die richtige Schreibung eines Wortes kannst du auch durch Verlängerung oder Einzahlbildung (bei Nomen) feststellen.

le__t wi__t fra__t grä__t hi__t

❷ Schreibe die Verben ab und trage ng/nk, g/k oder b/p richtig ein.
Schreibe so: *lenken – er lenkt, …*

die B__nder die H__ser die Bl__tter die B__me

❸ Schreibe die Nomen ab und bilde die Einzahl.
Schreibe so: *das Band – die Bänder, …*

Texte überarbeiten

Marie hat einen Text am Computer geschrieben. Nun überarbeitet sie den Ausdruck:

Ich lese oft lustige Bücher. Ich lese oft | Bücher.	❶ Adjektiv einsetzen
Häufig gehe ich ins Kino. Ich gehe ~~oft~~ ins Kino.	❷ Gleiche Satzanfänge ❸ Wortwiederholungen
Ich laufe mit meinem Hund in den Park. Ich ~~gehe~~ mit meinem Hund in den Park.	❹ Wortwiederholungen
Er bellt manchmal sehr laut. ~~Mein Hund belt~~ | .	❺ Wortwiederholungen ❻ Rechtschreibfehler ❼ Satzverlängerungen

So kannst du Texte überarbeiten:

❶ Mit treffenden Adjektiven kannst du genauer beschreiben: Welche Bücher lese ich gern? → **lustige** Bücher

❷ Gleiche Satzanfänge kannst du durch Satzumstellung verändern. Das Subjekt (**ich**) sollte nicht immer den Satz einleiten.

❸ Tausche sich wiederholende Wörter mit Wörtern gleicher oder ähnlicher Bedeutung aus: **oft → häufig.**

❹ Ersetze sich wiederholende Verben durch andere, aber passende Verben desselben Wortfeldes: **gehe → laufe.**

❺ Ersetze Nomen durch die entsprechenden Pronomen: **mein Hund → er.**

❻ Wende die Rechtschreibregeln an: Wird ein Vokal kurz gesprochen, folgt ein doppelter Konsonant. Schlage auch in der Wörterliste oder im Wörterbuch nach.

❼ Mit zusätzlichen Satzgliedern kannst du mehr Informationen geben: Wie bellt der Hund? → **sehr laut.** Bellt er oft? → **manchmal.**

Wörterliste

A

am Abend
abfahren, er fuhr ab, er ist abgefahren
absagen, er sagte ab, er hat abgesagt
abschreiben, er schrieb ab, er hat abgeschrieben
abwaschen, er wusch ab, er hat abgewaschen
alle
allein (sein)
alt, älter, am ältesten
am
die Ameise, die Ameisen
am nächsten Tag
anfangen, er fing an, er hat angefangen
angeln, er angelte, er hat geangelt
die Angst, die Ängste
der Apfel, die Äpfel
der April
arbeiten, er arbeitete, er hat gearbeitet
arm, ärmer, am ärmsten
der Arzt, die Ärztin
auch
auf
aufeinander
die Aufgabe, die Aufgaben
aufpassen, er passte auf, er hat aufgepasst
sich aufregen, er regte sich auf, er hat sich aufgeregt
aufstehen, er stand auf, er ist aufgestanden
das Auge, die Augen
der August
außerdem
der Ausflug, die Ausflüge
sich ausruhen, er ruhte sich aus, er hat sich ausgeruht
aussehen, er sah aus, er hat ausgesehen
das Auto, die Autos

B

die Bahn, die Bahnen
bald
der Ball, die Bälle
das Band, die Bänder
die Bank, die Bänke
der Baum, die Bäume
der Becher, die Becher
die Beere, die Beeren
begießen, er begoss, er hat begossen
bekannt, bekannter, am bekanntesten
bellen, er bellte, er hat gebellt
benutzen, er benutzte, er hat benutzt
der Besen, die Besen
das Bett, die Betten
das Bild, die Bilder
bitte
das Blatt, die Blätter
blitzen, es blitzte, es hat geblitzt

blau
blicken, er blickte, er hat geblickt
die Blume, die Blumen
das Boot, die Boote
böse, böser, am bösesten
braun
breit, breiter, am breitesten
die Brezel, die Brezeln
der Brief, die Briefe
bringen, er brachte, er hat gebracht
das Brot, die Brote
die Brücke, die Brücken
der Bruder, die Brüder
der Brunnen, die Brunnen
das Buch, die Bücher
die Bücherei, die Büchereien
bunt, bunter, am buntesten

C

der Computer, die Computer
der Cousin, die Cousins
die Cousine, die Cousinen

D

das Dach, die Dächer
damit
danach
der Dank
dann
darf, er darf
darum
das
die Decke, die Decken
decken, er deckte, er hat gedeckt
dem
denken, er dachte, er hat gedacht
denn
der
deshalb
deutsch
der Dezember
dicht, dichter, am dichtesten
dick, dicker, am dicksten
die
der Dienstag
diese
das Diktat, die Diktate
das Ding, die Dinge
der Donnerstag
das Dorf, die Dörfer
der Drache, die Drachen
drei
dreizehn
der Duft, die Düfte
dunkel, dunkler, am dunkelsten
dünn, dünner, am dünnsten
dürfen, er durfte, er hat gedurft

E

eckig, eckiger, am eckigsten
die Eichel, die Eicheln
das Eichhörnchen, die Eichhörnchen
der Eimer, die Eimer
ein
das Eis

der Elefant, die Elefanten
die Eltern
eng, enger, am engsten
entdecken, er entdeckte,
er hat entdeckt
er
die Erde
erkennen, er erkannte,
er hat erkannt
erschrecken, er erschrak,
er ist erschrocken
erzählen, er erzählte,
er hat erzählt
der Esel, die Esel
essen, er aß,
er hat gegessen
etwas
die Eule, die Eulen

F

fahren, er fuhr,
er ist gefahren
das Fahrrad, die Fahrräder
die Fahrt, die Fahrten
fallen, er fiel, er ist gefallen
falls
die Familie, die Familien
fangen, er fing, er hat gefangen
die Farbe, die Farben
fast
faul, fauler, am faulsten
der Februar
die Fee, die Feen
der Fehler, die Fehler
das Fell, die Felle
das Fenster, die Fenster
die Ferien
das Fernsehen
das Feuer, die Feuer
die Figur, die Figuren
der Film, die Filme
finden, er fand,
er hat gefunden
der Finger, die Finger
der Fisch, die Fische
flach, flacher, am flachsten
die Flasche, die Flaschen
fleißig, fleißiger,
am fleißigsten
fliegen, er flog,
er ist geflogen
fließen, es floss,
es ist geflossen
der Fluss, die Flüsse
fragen, er fragte,
er hat gefragt
Frankreich
französisch
die Frau, die Frauen
der Freitag
fressen, er fraß,
er hat gefressen
sich freuen, er freute sich,
er hat sich gefreut
der Freund, die Freunde
die Freundin, die Freundinnen
freundlich, freundlicher,
am freundlichsten
frisst, er frisst
der Frosch, die Frösche
früh, früher, am früh(e)sten
frühstücken, er frühstückte,
er hat gefrühstückt
der Fuchs, die Füchse

für
der Fuß, die Füße
der Fußball, die Fußbälle
das Futter
füttern, er fütterte,
er hat gefüttert

G

die Gabel, die Gabeln
ganz
geben, er gab,
er hat gegeben
der Geburtstag, die Geburtstage
gehen, er ging,
er ist gegangen
gelb
gern
das Geschenk, die Geschenke
die Geschwister
das Gespenst, die Gespenster
gestern
gesund, gesünder,
am gesündesten
gibt, er gibt
das Glas, die Gläser
glatt, glatter,
am glattesten
glitzern, es glitzerte,
es hat geglitzert
das Glück
glücklich, glücklicher,
am glücklichsten
graben, er grub,
er hat gegraben
das Gras, die Gräser
grau
groß, größer, am größten
die Großmutter, die Großmütter
der Großvater, die Großväter
die Gruppe, die Gruppen
der Gruß, die Grüße
gucken, er guckte,
er hat geguckt
gut, besser, am besten

H

das Haar, die Haare
haben, er hatte,
er hat gehabt
hacken, er hackte,
er hat gehackt
der Hahn, die Hähne
halten, er hielt,
er hat gehalten
die Hand, die Hände
der Hase, die Hasen
hässlich, hässlicher,
am hässlichsten
hat, er hat
das Haus, die Häuser
die Hausaufgabe,
die Hausaufgaben
der Hausmeister,
die Hausmeisterin
heiraten, er heiratete,
er hat geheiratet
heiß, heißer, am heißesten
heißen, er hieß,
er hat geheißen
der Herbst
heute
die Hexe, die Hexen
der Himmel
hinauf

hinter
der Hof, die Höfe
hoffen, er hoffte, er hat gehofft
hoffentlich
holen, er holte, er hat geholt
das Holz, die Hölzer
das Huhn, die Hühner
die Hummel, die Hummeln
der Hund, die Hunde
hundert
der Hut, die Hüte

I

der Igel, die Igel
ihn
ihr
ihre
im
immer
in
die Insel, die Inseln
das Instrument, die Instrumente
das Internet
der Irrgarten, die Irrgärten
ist, er ist
isst, er isst

J

die Jagd, die Jagden
das Jahr, die Jahre
der Januar
der Juli
jung, jünger, am jüngsten
der Junge, die Jungen
der Juni

K

kalt, kälter, am kältesten
kann, er kann
die Kanne, die Kannen
die Kastanie, die Kastanien
die Katze, die Katzen
kaufen, er kaufte, er hat gekauft
der Keks, die Kekse
das Kind, die Kinder
das Kino, die Kinos
die Kirche, die Kirchen
das Kissen, die Kissen
die Klasse, die Klassen
der Klassenkamerad, die Klassenkameradin
der Klee
das Kleid, die Kleider
klein, kleiner, am kleinsten
klemmen, er klemmte, er hat geklemmt
klopfen, er klopfte, er hat geklopft
der Koch, die Köchin
kommen, er kam, er ist gekommen
können, er konnte, er hat gekonnt
der Kopf, die Köpfe
der Korb, die Körbe
das Kostüm, die Kostüme
krank, kränker, am kränksten
die Kräuter
der Kreis, die Kreise
die Krone, die Kronen
der Kuchen, die Kuchen
die Kuh, die Kühe
kurz, kürzer, am kürzesten

lachen, er lachte, er hat gelacht
das Lager, die Lager
lang, länger, am längsten
langsam, langsamer, am langsamsten
lassen, er ließ, er hat gelassen
laufen, er lief, er ist gelaufen
leben, er lebte, er hat gelebt
legen, er legte, er hat gelegt
der Lehrer, die Lehrerin
leicht, leichter, am leichtesten
leihen, er lieh, er hat geliehen
lernen, er lernte, er hat gelernt
lesen, er las, er hat gelesen
die Leute
das Licht, die Lichter
lieben, er liebte, er hat geliebt
das Lied, die Lieder
liegen, er lag, er hat gelegen
liest, er liest
die Linde, die Linden
der Löffel, die Löffel
die Luft, die Lüfte
lustig, lustiger, am lustigsten

machen, er machte, er hat gemacht
das Mädchen, die Mädchen
mag, ich mag
der Mai
die Mama
manchmal
die Mappe, die Mappen
das Märchen, die Märchen
der März
die Matte, die Matten
die Maus, die Mäuse
die Medizin
das Meer, die Meere
mehr
mehrere
mein
der Mensch, die Menschen
das Messer, die Messer
mir
mit
am Mittag
der Mittwoch
möchte, ich möchte
mögen, er mochte, er hat gemocht
die Möhre, die Möhren
der Mond, die Monde
der Montag
morgen
am Morgen
müde, müder, am müdesten
der Mund, die Münder
die Muschel, die Muscheln
das Museum, die Museen
die Musik

muss, ich muss
müssen, er musste,
er hat gemusst
mutig, mutiger, am mutigsten
die Mutter, die Mütter
die Mütze, die Mützen

N

nach
am Nachmittag
die Nacht, die Nächte
nähen, er nähte,
er hat genäht
die Nase, die Nasen
neben
nehmen, er nahm,
er hat genommen
das Nest, die Nester
nicht
niesen, er nieste,
er hat geniest
nimmt, er nimmt
noch
der November
die Nuss, die Nüsse

O

oder
der Ofen, die Öfen
offen
oft
der Oktober
die Oma, die Omas
der Onkel, die Onkel
der Opa, die Opas
ordentlich

P

packen, er packte,
er hat gepackt
der Papa
die Pappe, die Pappen
der Park, die Parks
passen, er passte,
er hat gepasst
passieren, es passierte,
es ist passiert
die Pause, die Pausen
die Pfeife, die Pfeifen
pfeifen, er pfiff,
er hat gepfiffen
das Picknick
der Pilz, die Pilze
das Plakat, die Plakate
der Platz, die Plätze
plötzlich
der Polizist, die Polizistin
das Pony, die Ponys
die Post
der Preis, die Preise
der Pullover, die Pullover
die Puppe, die Puppen
putzen, er putzte, er hat geputzt
putzig, putziger, am putzigsten

Q

quadratisch
quaken, er quakte,
er hat gequakt
die Qualle, die Quallen
quer
quieken, er quiekte,
er hat gequiekt

R

das Radio, die Radios
raten, er riet, er hat geraten
die Ratte, die Ratten
rau, rauer, am rau(e)sten
der Raum, die Räume
rechnen, er rechnete, er hat gerechnet
rechts
reden, er redete, er hat geredet
der Regen
das Reh, die Rehe
die Reihe, die Reihen
reisen, er reiste, er ist gereist
rennen, er rannte, er ist gerannt
richtig, richtiger, am richtigsten
die Richtung, die Richtungen
riechen, er roch, er hat gerochen
der Riese, die Riesen
riesig, riesiger, am riesigsten
der Ritter, die Ritter
der Rock, die Röcke
die Rolle, die Rollen
der Roller, die Roller
die Rose, die Rosen
rot
rufen, er rief, er hat gerufen
ruhig, ruhiger, am ruhigsten
rund
der Rüssel, die Rüssel

S

sagen, er sagte, er hat gesagt
sammeln, er sammelte, er hat gesammelt
der Samstag
der Satz, die Sätze
sauer, sauerer, am sauersten
der Schatz, die Schätze
schauen, er schaute, er hat geschaut
schenken, er schenkte, er hat geschenkt
schießen, er schoss, er hat geschossen
schimpfen, er schimpfte, er hat geschimpft
schlafen, er schlief, er hat geschlafen
schließen, er schloss, er hat geschlossen
schließlich
der Schlitten, die Schlitten
das Schloss, die Schlösser
der Schluss, die Schlüsse
schmal, schmaler, am schmalsten
schmecken, er schmeckte, er hat geschmeckt
schmelzen, er schmolz er ist geschmolzen
schmilzt, er schmilzt
schmutzig, schmutziger, am schmutzigsten
der Schnabel, die Schnäbel
der Schnee

der Schneider, die Schneiderin
schnell, schneller,
am schnellsten
schnitzen, er schnitzte,
er hat geschnitzt
schon
schön, schöner, am schönsten
der Schreck
schreiben, er schrieb,
er hat geschrieben
schreien, er schrie,
er hat geschrieen
schubsen, er schubste,
er hat geschubst
die Schule, die Schulen
der Schüler, die Schülerin
der Schulleiter, die Schulleiterin
die Schüssel, die Schüsseln
schütteln, er schüttelte,
er hat geschüttelt
schützen, er schützte,
er hat geschützt
schwach, schwächer,
am schwächsten
schwarz
schwer, schwerer,
am schwersten
die Schwester, die Schwestern
schwimmen, er schwamm,
er ist geschwommen
der See, die Seen
sehen, er sah, er hat gesehen
sein
seine
die Sekretärin, die Sekretärinnen
der September
setzen, er setzte, er hat gesetzt
sie
sieben
siegen, er siegte,
er hat gesiegt
sieht, sie sieht
sind, wir sind
singen, er sang,
er hat gesungen
sitzen, er saß, er hat gesessen
sofort
sogar
sollen, er sollte, er hat gesollt
der Sommer, die Sommer
die Sonne
der Sonnenschirm,
die Sonnenschirme
der Sonntag
spannend, spannender,
am spannendsten
der Spaß, die Späße
spät, später, am spätesten
speisen, er speiste,
er hat gespeist
der Spiegel, die Spiegel
spielen, er spielte,
er hat gespielt
der Sport
sprechen, er sprach,
er hat gesprochen
spricht, er spricht
springen, er sprang,
er ist gesprungen
spuken, es spukte,
es hat gespukt
die Stadt, die Städte
stark, stärker, am stärksten
die Station, die Stationen

stecken, er steckte,
er hat gesteckt
stehen, er stand,
er hat gestanden
steht, es steht
steil, steiler, am steilsten
der Stein, die Steine
stellen, er stellte,
er hat gestellt
der Stern, die Sterne
der Stiefel, die Stiefel
der Stock, die Stöcke
der Stoff, die Stoffe
stolpern, er stolperte,
er ist gestolpert
der Storch, die Störche
die Straße, die Straßen
streicheln, er streichelte,
er hat gestreichelt
der Streit
streiten, er stritt,
er hat gestritten
der Strumpf, die Strümpfe
das Stück, die Stücke
der Stuhl, die Stühle
der Sturm, die Stürme
suchen, er suchte,
er hat gesucht
die Suppe, die Suppen
süß, süßer, am süßesten

T

der Tag, die Tage
täglich
die Tante, die Tanten
tanzen, er tanzte,
er hat getanzt
der Tänzer, die Tänzerin
die Tasche, die Taschen
die Tasse, die Tassen
tatsächlich
das Taxi, die Taxis
der Teddy, die Teddys
der Tee
der Teller, die Teller
das Tennis
der Text, die Texte
das Theater, die Theater
das Tier, die Tiere
der Tierpfleger, die Tierpflegerin
der Tisch, die Tische
toben, er tobte,
er hat getobt
toll, toller, am tollsten
tragen, er trug,
er hat getragen
der Traum, die Träume
träumen, er träumte,
er hat geträumt
treffen, er traf,
er hat getroffen
treiben, er trieb,
er hat getrieben
trinken, er trank,
er hat getrunken
trotzdem
der Turm, die Türme
turnen, er turnte,
er hat geturnt
tuscheln, er tuschelte,
er hat getuschelt

U

über, er übte, er hat geübt
über
überall
übernehmen, er übernahm,
er hat übernommen
übernimmt, er übernimmt
das Ufer, die Ufer
die Uhr, die Uhren
und
ungefährlich, ungefährlicher,
am ungefährlichsten
unglücklich, unglücklicher,
am unglücklichsten
unheimlich, unheimlicher,
am unheimlichsten
unternehmen, er unternahm,
er hat unternommen
der Unterricht
unterrichten,
er unterrichtete,
er hat unterrichtet

V

der Vater, die Väter
verfassen, er verfasste,
er hat verfasst
der Verkäufer, die Verkäuferin
sich verständigen, er
verständigte sich, er hat
sich verständigt
verstecken, er versteckte,
er hat versteckt
verstehen, er verstand,
er hat verstanden
versuchen, er versuchte,
er hat versucht
verteilen, er verteilte,
er hat verteilt
viel, mehr, am meisten
viele
vielen
vielleicht
vier
der Vogel, die Vögel
von
vorbei
vorfahren, er fuhr vor,
er ist vorgefahren
vorgehen, er ging vor,
er ist vorgegangen
vormachen, er machte vor,
er hat vorgemacht
vorsagen, er sagte vor,
er hat vorgesagt
vorschreiben, er schrieb vor,
er hat vorgeschrieben

W

wach, wacher, am wachsten
war, er war
warm, wärmer, am wärmsten
warum
was
waschen, er wusch,
er hat gewaschen
das Wasser
die Watte
wehen, es wehte,
es hat geweht
weich, weicher,
am weichsten
weinen, er weinte,
er hat geweint

weiß
weit, weiter, am weitesten
die Welle, die Wellen
die Welt, die Welten
wenden, er wendete, er hat gewendet
wenn
wer
werden, er wurde, er ist geworden
das Wetter
wie
die Wiese, die Wiesen
das Wiesel, die Wiesel
will, ich will
der Wind, die Winde
winken, er winkte, er hat gewinkt
winzig, winziger, am winzigsten
wir
wird, er wird
wissen, er wusste, er hat gewusst
wo
wohnen, er wohnte, er hat gewohnt
die Wolke, die Wolken
die Wolle
wollen, er wollte, er hat gewollt
das Wort, die Wörter
wünschen, er wünschte, er hat gewünscht
der Wurm, die Würmer

Z

die Zahl, die Zahlen
zählen, er zählte, er hat gezählt
der Zahn, die Zähne
der Zapfen, die Zapfen
die Zeit, die Zeiten
die Zeitschrift, die Zeitschriften
die Zeitung, die Zeitungen
das Zelt, die Zelte
die Ziege, die Ziegen
ziehen, er zog, er hat gezogen
ziemlich
das Zimmer, die Zimmer
die Zitrone, die Zitronen
zulassen, er ließ zu, er hat zugelassen
zur
zurufen, er rief zu, er hat zugerufen
zusammen
der Zwerg, die Zwerge

Leselexikon

Alraune Die Alraune ist die Wurzel eines Gewächses, das man vor allem im östlichen Mittelmeerraum findet. Sie ist stark giftig. Die Wurzel ähnelt wegen ihrer Verzweigungen einer menschlichen Gestalt. Darum gilt sie als Zaubermittel. Früher wurde die Pflanze auch Galgenmännchen, Erdmännchen oder Drachenpuppe genannt.

Argumente Argumente sind Punkte für (pro) oder gegen (kontra) eine Sache. Sie werden in Gesprächen und Diskussionen angeführt um eine Meinung zu bekräftigen oder zu widerlegen.

Asseln Obwohl sie das Land bewohnen, gehören Asseln zu den Krebsen. Sie haben einen Panzer, sind flach und werden etwa 1 cm lang. Droht Gefahr, rollen sie sich zu einer Kugel zusammen. Asseln besitzen scharfe Mundwerkzeuge, mit denen sie Laub und totes Holz zerbeißen können. Dadurch steigern sie die Bodenfruchtbarkeit. Sie können aber auch starken landwirtschaftlichen Schaden anrichten.

Attraktionen Eine Attraktion ist ein Anziehungspunkt oder ein außergewöhnliches Ereignis. In Paris ist zum Beispiel der Eiffelturm eine Attraktion. Auf dem Schulfest kann aber auch eine Fahrt mit dem Heißluftballon eine besondere Attraktion sein.

Bucheckern Bucheckern sind die essbaren, sehr ölhaltigen, dreikantigen Früchte der Buche. Die Buche ist einer der häufigsten Laubbäume in Mitteleuropa. Es gibt sehr viele Arten. Die Rotbuche ist eine der bekanntesten.

Charakterzug Ein Charakterzug ist eine Eigenschaft oder ein Merkmal im Verhalten eines Menschen oder Tieres.
Jemanden, der anderen gern hilft, nennt man hilfsbereit. Hilfsbereitschaft zum Beispiel ist ein Charakterzug.

Dromedar Dromedare sind Kamele mit einem Höcker. Sie haben sich an das Leben in der Wüste gut angepasst. Ihre dicken Polster unter den Zehen verhindern, dass sie im Sand einsinken. Dromedare können lange Zeit ohne Nahrung auskommen, da ihre Höcker als Fettspeicher dienen. Außerdem können sie bis zu 17 Tagen ohne Wasser auskommen, da ihr Gewebe bis zu 100 Liter Wasser speichern kann. Sie sind recht schnell und werden in Afrika als Haustiere gehalten um schwere Lasten zu tragen.

Eskimos Das Wort „Eskimo“ bedeutet übersetzt Rohfleischesser. Die Eskimos selbst nennen sich Inuit, das heißt Menschen. Sie leben im Norden von Amerika und auf Grönland. Früher bauten Eskimos im Sommer Zelte, im Winter Iglus. Ihre Kleidung bestand aus Fellen. Auch heute noch jagen sie Seehunde, fangen Fische und züchten Rentiere.

Fabel Eine Fabel ist eine Erzählung, in der Tiere miteinander sprechen und handeln wie Menschen. Damit soll fehlerhaftes Verhalten der Menschen offengelegt werden. Der Leser soll aus der Fabel eine Lehre in Form einer Lebensweisheit ziehen.

Fledermäuse Fledermäuse sind die einzigen Säugetiere Europas, die fliegen können. Sie sind nachtaktiv. Tagsüber schlafen sie mit dem Kopf nach unten hängend auf Bäumen oder in Höhlen. Auch bei uns leben Fledermäuse. Sie ernähren sich von Insekten und Schmetterlingen. Auf der ganzen Welt gibt es rund 900 Fledermausarten. Die wenigen in Deutschland lebenden Arten stehen unter Naturschutz.

Garantie Eine Garantie ist ein Versprechen. So wird zum Beispiel beim Kauf eines Radios dem Käufer versichert, dass das Gerät funktionstüchtig ist und es bei Beanstandungen entweder innerhalb von zwei Jahren zurückgegeben werden kann oder kostenlos repariert wird.

gelbes Trikot Der Radfahrer, der die Strecke in der geringsten Zeit zurückgelegt hat, bekommt bei der Tour de France das gelbe Trikot. Das grüne Trikot erhält der Fahrer mit den meisten Punkten, das rot-weiße Trikot bekommt der beste Bergfahrer. Das weiße Trikot gewinnt der beste Neueinsteiger.

Gevatter Gevatter nannte man im 8. Jahrhundert den Taufpaten. Im 15. Jahrhundert wurde der Begriff als vertrauliche Anrede für den Onkel oder einen guten Freund der Familie gebraucht. Heute ist der Begriff veraltet.

Hänfling Hänflinge gehören zu den Finkenvögeln. Sie sind bräunlich. Die Männchen haben jedoch eine rote Stirn und Brust. Sie leben in Gruppen in Sträuchern und Hecken. Dort legen sie bis zu zweimal im Jahr ihre Eier ab. Sie leben von Unkrautsamen, Insekten und Spinnen.

Irrlichter Ein Irrlicht ist eine Leuchterscheinung in sumpfigen Gegenden. Es besteht aus schwach schimmernden Flämmchen, die in geringer Höhe über dem Boden schweben. Sie entstehen durch die Selbstentzündung von Gasen über dem Moor. Im Aberglauben der Menschen deutete man Irrlichter als Geister, die Wanderer in die Moore locken wollten.

Käsekrumen Unter Käsekrumen versteht man kleine, bröcklige Käsestücke. Man kann zu Krumen auch Krümel sagen.

Kelten Die Kelten setzten sich aus zahlreichen Volksstämmen zusammen. Vor über 2000 Jahren breiteten sie sich in ganz Europa aus. Die Kelten lebten in großen Gemeinschaften mit einem Stammesfürsten. In der Bearbeitung von Eisen waren sie anderen Völkern weit überlegen. Außerdem züchteten sie Pferde, betrieben Ackerbau und galten als starke Krieger. Die Römer nannten sie Gallier. Noch heute leben in Wales, Irland, Schottland und der Bretagne Menschen keltischen Ursprungs.

Knäuel Das Wort „Knäuel" kommt von althochdeutsch „kliuwa" und heißt kugelförmige Masse. Man kennt es im Zusammenhang mit Wolle: Wollknäuel. Knäuel bedeutet soviel wie „Kugel" und etwas ineinander Verknotetes.

kolorieren Das Wort „kolorieren" kommt aus dem Lateinischen und bedeutet etwas einfärben oder bunt ausmalen. Das englische Wort für Farbe heißt „colour".

Kompott Als Kompott bezeichnet man mit Zucker eingekochtes Obst, das noch deutlich erkennbare Fruchtstücke enthält. In manchen Gegenden Deutschlands wird jeder Nachtisch als Kompott bezeichnet.

Kornspeicher Ein Speicher ist ein Lagerraum oder ein Haus für Vorräte. In einem Kornspeicher wird Getreide gelagert. Ein großes Problem waren früher die Mäuse, die nicht nur das Korn fraßen, sondern es auch verunreinigten. Deshalb hielt man sich schon im alten Ägypten Katzen um die Vermehrung der Mäuse einzudämmen.

Lindenblüten Lindenblüten sind die Blüten des Lindenbaums. Sie dienen als Heilmittel bei Erkältungskrankheiten, Fieber und Grippe. Die Blüten duften sehr süß und werden im Juni gesammelt. Die Krone der Linden wird sehr groß. Früher pflanzte man sie deshalb gern auf Versammlungsplätzen.

Mauser Als Mauser bezeichnet man den Wechsel des Federkleides bei Vögeln. Dies geschieht in der Regel nach der Brutzeit im Frühjahr, um die ausgefallenen Federn nachwachsen zu lassen, oder in Folge einer Krankheit.

Mikroskop Ein Mikroskop ist ein Gerät, mit dem man sehr kleine Dinge durch Lupen stark vergrößert betrachten kann. So werden oftmals Sachen sichtbar, die man mit dem bloßen Auge nicht sehen kann, wie zum Beispiel Bakterien.

Mittsommer Am 22. Juni wird in Schweden Mittsommer gefeiert, da das der längste Tag mit der kürzesten Nacht des Jahres ist. Deshalb nennt man es auch das Fest der Sommersonnenwende. Im ganzen Land finden Feiern zu Ehren des Lichtes statt. Es werden Sonnenwendfeuer entzündet. Das sind mit Stroh umwickelte Räder, die einen Hang hinuntergerollt werden.

Moral Die Moral ist die Gesamtheit von Grundsätzen und Regeln für das richtige Verhalten des Menschen in der Gemeinschaft. Vor allem Fabeln vermitteln eine Moral, das heißt, sie wollen eine Lehre erteilen, die vom Leser beherzigt werden soll.

naive Malerei Die naive Malerei wird auch als Kunst der „Sonntagsmaler“ bezeichnet. Die Maler haben oft keine Kunstausbildung und üben die Malerei meist neben ihrem Beruf aus. In einfachen und kindlich wirkenden Bildern wird eine heile Welt gezeigt, in der Tier, Mensch und Natur in Eintracht leben. Bedeutendster Vertreter der naiven Malerei ist Henri Rousseau.

Nomaden Als Nomaden bezeichnet man Hirtenvölker ohne festen Wohnsitz. Sie ziehen mit ihren Herden von einem Weideplatz zum anderen. Dabei sind die Wege traditionell festgelegt.
So leben zum Beispiel die Beduinen, ein Volk in Nordafrika, und die Mongolen, eine Volksgruppe in Asien.

Pegel Ein Pegel ist ein Gerät, das Höhen oder Stärken anzeigt.
So zeigt der Wasserpegel den Stand des Wassers an.
Die Beobachtung des Pegels ist wichtig, um zu erkennen, wie stark ein Fluss steigt oder sinkt.

Pinguin Pinguine gehören zu den Meeresvögeln. Sie können zwar nicht fliegen, aber dafür gut schwimmen und tauchen. Sie leben in den kalten bis mäßig warmen Gebieten auf der südlichen Halbkugel der Erde. Sie fressen Fische und andere Meerestiere. Mit 1,20 m ist der Kaiserpinguin der größte seiner Art.

Prospekt Ein Prospekt ist ein Werbeheftchen oder eine Werbezeitschrift. Damit will man auf etwas aufmerksam machen. In einem Prospekt stehen Informationen, die die Leute zu etwas anregen sollen, zum Beispiel etwas Bestimmtes zu kaufen oder zu einem bestimmten Ereignis zu gehen.

renovieren Unter dem Wort „renovieren“ versteht man das Erneuern einer Wohnung oder eines Hauses. Man tapeziert oder streicht die Wände und legt neue Fußböden.

reservieren Wenn man etwas für sich reserviert, dann ist es vorbestellt. So kann man zum Beispiel im Restaurant einen Tisch reservieren lassen, um ganz sicher zu sein, dass man dort später auch einen Platz bekommt.

Rolle In einer Geschichte spielen verschiedene Personen, Tiere und manchmal auch Gegenstände mit. Sie werden im Theater oder Film von Schauspielerinnen und Schauspielern verkörpert. Diese spielen dann ihre Rollen.

Sasse Eine Sasse ist eine Vertiefung in der Erde, die sich Hasen graben um darin vor Wind und Kälte geschützt zu ruhen. Hasen wählen sie so, dass sie die ganze Umgebung überblicken können. Oft werden Sassen deshalb im freien Feld angelegt. Hasen benutzen ihre Sassen nie dauerhaft. Kaninchen bauen sich, im Gegensatz zu Hasen, Höhlen unter der Erde.

Scheuer Scheuer ist ein anderes Wort für Scheune. Das ist ein Gebäude, in dem ursprünglich Heu, also getrocknetes Gras, gelagert wurde. Später wurden in der Scheune auch Geräte für die Garten- und Feldarbeit untergebracht.
Unter Scheuer versteht man manchmal auch ein altes, baufälliges Haus.

Schnippchen schlagen Jemandem ein Schnippchen schlagen bedeutet, die Absichten eines anderen zu durchkreuzen.

Sekretärin Eine Sekretärin sitzt meist im Vorzimmer ihrer Chefin oder ihres Chefs. Für sie erledigt sie die Schreibarbeiten, führt Telefongespräche und regelt Termine.

Touristen Ein Tourist ist ein Reisender, der in eine andere Gegend fährt, um diese besser kennen zu lernen. Verreist man im Urlaub zum Beispiel in ein anderes Land, ist man dort ein Tourist.

Volksmund Vom Volksmund spricht man, wenn von vielen Menschen die gleichen Sachen angenommen oder behauptet werden, die nie auf ihre Richtigkeit überprüft wurden. Diese Sprüche oder häufig auch Redensarten wurden und werden oft über Hunderte von Jahren mündlich weitergegeben und sind nach landschaftlichen Regionen recht unterschiedlich.

Zebus Zebus sind indische Buckelrinder, die schon vor Tausenden von Jahren gezüchtet wurden. Sie werden heute noch hauptsächlich als Zugtiere eingesetzt.

Zelle Die Bienenzelle ist ein sechseckiges Kämmerchen. Bienenwaben bestehen aus mehreren tausend dieser Zellen. Den Baustoff Wachs scheiden die Bienen aus ihrer Wachsdrüse aus. Es gibt Honigzellen, Pollenzellen und Brutzellen für den Nachwuchs. In der Weiselzelle entwickelt sich die Bienenkönigin (Weisel).

Übersicht über die Lernbereiche

Sprache untersuchen	Rechtschreiben	Mündlicher und schriftlicher Sprachgebrauch/Lesen	Lernwörter

Du und ich – Ich und du (Seite 4 – 29)

Nomen erkennen (S. 6); Einzahl und Mehrzahl der Nomen bilden (S. 6); Verben herausschreiben (S. 6); Grundform und er-Form von Verben bilden (S. 6); Nomen durch Pronomen ersetzen (S. 7); Wiederholung Fragewörter, Fragesätze ohne Fragepronomen bilden (S. 9); Nomen mit Artikel herausschreiben und deren Mehrzahl bilden (S. 10); Abstrakta kennen lernen (S. 11); Abstrakta Artikel zuordnen (S. 11); Pronomen gebrauchen (S. 12); Pronomen im Nominativ (S. 12); Die Veränderung des Verbs in Abhängigkeit vom Pronomen (S. 12); Das Anredepronomen „Sie" kennen lernen (S. 13); Adjektive herausfinden (S. 14); Nomen durch Pronomen und umgekehrt ersetzen (S. 26); Nomen herausfinden und ihre Mehrzahl bilden (S. 26); Fragepronomen in Sätzen ergänzen (S. 27); Fragesätze bilden (S. 27); In einen Text Adjektive einsetzen (S. 28); Adjektive als Attribut verwenden (S. 28)	Umlautung bei Mehrzahlbildung (S. 10); Wörter mit doppelten Konsonanten herausschreiben und den kurz gesprochenen Vokal markieren (S. 10); Wissen, dass Abstrakta durch Nomen benannt und großgeschrieben werden (S. 11); Diktatübung (S. 11); Wörter mit ie (S. 11); Pronomen im Nominativ schreiben (S. 12); Anredepronomen „Sie" und dessen Großschreibung (S. 13); Pronomen „Sie" und „sie" unterscheiden und richtig schreiben (S. 13); Nomen mit der Endung -in und deren Mehrzahl bilden (S. 14); Nomen mit der Endung -in in der Wörterliste suchen (S. 14); Umlaute bei der Mehrzahlbildung (S. 26); Wörter mit ie (S. 27); Diktatübung (S. 27); Die weibliche Form der Berufe bilden und Wörter mit der Nachsilbe -innen richtig schreiben (S. 28)	Eigene Vorstellungen über 3. Schuljahr verbalisieren (S. 6); Texte mit Pronomen verbessern (S. 7); Nomen einsetzen, um einen Text verständlicher zu machen (S. 7); Freies Sprechen in Gruppen üben (S. 8); Sich in die Situation anderer hineinversetzen und ihnen helfen (S. 8); Szenisches Spiel (S. 8); Kurze Texte verfassen (S. 8); Eigene Fragen aufschreiben (S. 9); Von eigenen Konflikten und ihrer Lösung erzählen (S. 10); Sich für eine Konfliktlösung entscheiden (S. 10); Konfliktsituationen nachspielen (S. 11); Konflikte vermeiden (S. 11); Ideen für Wettkampf entwickeln (S. 12); Einen Lesetext als Theaterstück aufführen (S. 13); Vorstellungen über die Eigenschaften von Freunden formulieren (S. 14); Die Aufgaben der Klassensprecher kennen lernen (S. 15); Eigenschaften und Fähigkeiten der Klassensprecher formulieren (S. 15); Schritte eines Wahlvorgangs ordnen und in Sätzen geordnet aufschreiben (S. 15); Über Angst im Unterricht und Überwindungsstrategien sprechen (S. 16/17); Schwächen und Stärken einzelner Kinder kennen lernen, eigene Stärken realisieren (S. 18/19); Gedicht sprechen und mit Bewegungen begleiten; Möglichkeiten, Wut zu bekämpfen, kennen lernen (S. 19); Streitsituation analysieren, Dialog lesen (S. 20); Ein eigenes Gedicht schreiben (S. 21); Spielanleitungen lesen und umsetzen (S. 22/23); Einen Text in Rollen lesen und als Theaterstück oder Hörspiel üben (S. 24/25); Überprüfen der Lesefähigkeit: Fragen zu einem Text schriftlich beantworten (S. 29); Aus jeweils zwei Sätzen den zu einer Geschichte passenden herausfinden (S. 29)	unterrichten tuscheln klemmen sich aufregen – aufgeregt Geburtstag Kino Tennis heißen zusammen bitte lassen dann können – kann falls wenn Angst Glück Schreck schließlich schubsen vier

Die Tage werden kürzer (Seite 30 – 55)

Wörtliche Rede (S. 33); Wörtliche Rede mit vorangestelltem Begleitsatz aufschreiben, Wiederholung der Satzarten (S. 33); Wissen, was ein Satzglied ist (S. 35); Satzglieder mit Hilfe der Umstellprobe	Richtige Satzschlusszeichen setzen (S. 33); In einem Text Begleitsätze und die wörtliche Rede erkennen und die entsprechenden Satzzeichen ergänzen (S. 33); Nomen durch die Endsilbe -chen	Über eigene Erfahrungen erzählen (S. 32); Situationen im Rollenspiel darstellen (S. 32); Eine Geschichte aus einer anderen Perspektive nacherzählen (S. 32); Lesen in verteilten Rollen (S. 33); Aufbau einer Geschichte: Einleitung, Hauptteil und Schluss (S. 34); Den Hauptteil einer angefangenen Geschichte fortsetzen und den Schluss erzählen (S. 34);	alle schütteln passieren müssen – muss verfassen Eichel Kastanie Korb

Sprache untersuchen	Rechtschreiben	Mündlicher und schriftlicher Sprachgebrauch/Lesen	Lernwörter
ermitteln (S. 35); Verben und deren Grundform (S. 36); Zusammengesetzte Nomen herausschreiben und in Bestimmungs- und Grundwörter zerlegen (S. 37); Artikel bei zusammengesetzten Nomen (S. 37); Pronomen durch Nomen ersetzen (S. 38); Passende Pronomen ergänzen (S. 38); Verben mit Vorsilben herausschreiben und bilden (S. 40); Übungen zur wörtlichen Rede (S. 52); Satzglieder durch Umstellproben erkennen (S. 53); Umstellproben durchführen (S. 53); Zusammengesetzte Nomen (S. 54); Passende Verben mit Vorsilben einsetzen (S. 54)	verändern (S. 34); Verben mit der Vorsilbe ver- (S. 36); Diktatübung (S. 36); Texte in Sprechblasen in wörtlicher Rede mit vorangestellten Begleitsätzen aufschreiben (S. 39); Verben mit Vorsilben richtig schreiben (S. 40); Wörtliche Rede in einem Text erkennen und die Anführungszeichen setzen (S. 52); Begleitsätze erkennen und Doppelpunkte einsetzen (S. 52); Nomen mit der Nachsilbe -chen bilden (S. 52); Reimwörter (Nomen) (S. 52); Diktatübung (S. 53); Verben mit den Vorsilben vor- und ver- (S. 54)	Einen Text durch Umstellung der Satzglieder überarbeiten (S. 35); Sätze zu Bildern schreiben (S. 36); Eigene Ideen äußern (S. 36); Informationen aus dem Internet nutzen (S. 38); Tierrätsel lösen und verfassen (S. 38); Zu einer Bildfolge einen Text verfassen (S. 39); In Texten wörtliche Rede verwenden (S. 39); Über einen Sachtext sprechen (S. 40); Merkmale eines Sachtextes kennen lernen (S. 41); In einem Sachtext Informationen zu vorgegebenen Gesichtspunkten markieren (S. 41); Zwei Texte vergleichen (S. 41); Über Außenseiter sprechen (S. 42/43); Einen Text in verteilten Rollen lesen und spielen (S. 46/47); In Sachbüchern nachlesen (S. 47); Einen Text in ein Theaterstück umschreiben (S. 48 – 50); Einen Sachtext über Feldmäuse mit der Geschichte über Frederick vergleichen (S. 51); Texte durch Umstellung der Satzglieder verbessern (S. 53); Überprüfen der Lesefähigkeit: Zu einem Text zusätzliche Sätze erkennen (S. 55); Fragen zu einer Geschichte schriftlich beantworten (S. 55)	Beere Vogel Zapfen Herbst Nest Station ziehen decken stecken speisen halten

Fantasievolles, Geheimnisvolles (Seite 56 – 81)

Nomen durch Pronomen ersetzen (S. 58); Wiederholung Adjektive (S. 59); Adjektive mit den Endsilben -ig/-lich (S. 60); Zusammengesetzte Nomen mit Fugen-s/-es (S. 61); Nomen mit den Nachsilben -heit, -keit, -schaft, -nis und -ung (S. 62); Gegenteilige Adjektive mit der Vorsilbe un- (S. 62); Wörtliche Rede mit vorangestelltem Satz benutzen (S. 63); Wortfeld „sprechen" (S. 63); Ordnen der Verben zum Wortfeld „sprechen" in drei Kategorien (S. 63); Satzzeichen einsetzen (S. 66); Reimwörter einsetzen (S. 66); Adjektive und ihre Vergleichsformen kennen lernen (S. 67); Pronomen einsetzen (S. 78); Adjek-	Diktatübung (S. 58); Wörter mit doppelten Vokalen (S. 60); Wörter mit den Endsilben -ig und -lich (S. 60); Fugen-s/-es bei zusammengesetzten Nomen beachten (S. 61); Nomen mit den Endsilben -heit, -keit, -schaft, -nis und -ung und deren Großschreibung (S. 62); Wörtliche Rede (S. 63); Wörter mit eu und äu (S. 64); Diktatübung (S. 65); Einsetzen von eu und äu in vorgegebene Wörter (S. 65); Erklären, warum in einem Vers zwei äu vorkommen (S. 65); Wörter nach Sprechsilben trennen (S. 66); Trennen von Doppelkonsonanten (S. 66); -ig und -lich einsetzen (S. 79); Adjektive mit der Endsilbe -ig	Aufschreiben eines Schlusses einer Geschichte (S. 58); Einen Text auswerten (S. 59); Und-dann-Sätze erkennen und durch Alternativen ersetzen (S. 59); Geschichten durch Einsetzen von Adjektiven überarbeiten (S. 59); Frage zum Text schriftlich beantworten (S. 60); Eigene Vorstellungen beschreiben (S. 61); Sammeln von Geschichten zu einem Thema (S. 61); Überarbeiten eines Textes unter Benutzung des Wortfeldes „sprechen" (S. 63); Über den Fortgang einer Geschichte sprechen (S. 64); Einen Schnellsprechvers sprechen (S. 65); Vergleiche formulieren (S. 67); Eine Geschichte zu Reizwörtern schreiben (S. 68); Geschichte in Einleitung, Hauptteil und Schluss gliedern (S. 68); Eine Geschichte in verteilten Rollen lesen (S. 70/71); Das Ende einer Geschichte vermuten und aufschreiben (S. 72/73); Weiterschreiben einer Geschichte (S. 74 – 76); Erkennen der Struktur eines Gedichts und Sammeln weiterer Wörter mit der Endsilbe -ig zum Weiterdichten (S. 77); Überprüfen der Lesefähigkeit: Sätze zum Lesetext auf Richtigkeit überprü-	Muschel schließen tanzen Pfeife Boot plötzlich sofort spannend riesig toll ziemlich ruhig tatsächlich gefährlich unheimlich Eule Leute heute Kräuter Feuer

Sprache untersuchen	Rechtschreiben	Mündlicher und schriftlicher Sprachgebrauch/Lesen	Lernwörter
tive zum Beschreiben benutzen (S. 78); Steigerungsformen der Adjektive bilden (S. 78); Aus Nomen Adjektive mit -ig/-lich bilden (S. 79); Aus Adjektiven Nomen bilden (S. 79)	oder -lich aus Nomen bilden und umgekehrt (S. 79); Wörter mit -heit, -keit oder -ung einsetzen (S. 80); Adjektive mit der Vorsilbe un- bilden (S. 80)	fen und Buchstaben zu einem Lösungswort zusammenfügen (S. 81); Satzteile aus einer Geschichte heraussuchen und schriftlich beenden (S. 81)	

So ein Wetter! (Seite 82 – 107)

Satzarten unterscheiden (S. 84); Kennenlernen des Subjekts (S. 85); Kennenlernen des Prädikats (S. 85); Lang gesprochener Vokal vor h (S. 86); Aus einem Verb ein Nomen durch die Endsilbe -ung bilden (S. 86); Festgelegte Silbenzahl bei Haikus (S. 87); Die Bestimmung der Zeit (S. 88); Die Bestimmung des Ortes (S. 89); Umstellung von Satzgliedern (S. 92); Ergänzen von Satzgliedern (S. 93); Übungen zum Subjekt und Prädikat (S. 104); Bildung von Nomen mit der Endsilbe -ung aus Verben (S. 104); Bestimmungen von Ort und Zeit (S. 105); Umstellung von Satzgliedern (S. 106); Subjekt, Prädikat und Bestimmungen des Ortes (S. 106)	Satzzeichen bei Aussage-, Frage- und Ausrufesätzen (S. 84); Wörter mit Dehnungs-h (S. 86); Großschreibung von Wörtern mit der Endsilbe -ung (S. 86); Silben (S. 87); Diktatübung (S. 88); Schreibung von Zeitangaben (S. 88); Schreibung von Ortsangaben (S. 89); Wörtliche Rede (S. 89); Aussagesätze bilden (S. 89); Wörter mit den Konsonantenhäufungen Pfl/pfl, spr, Str/str, Zw/zw am Wortanfang (S. 91); Wörter mit ß (S. 92); Wortfamilie „fahren“ (S. 104); Diktatübung (S. 106)	Vergleich von Bericht und Erlebniserzählung (S. 84); Zu Bildern erzählen (S. 85); Haikus als Gedichtform kennen lernen und eigene Haikus schreiben (S. 87); Ein Bild unter Verwendung von Wortmaterial beschreiben (S. 90); Vermutungen zu einer Figur in einem Gedicht äußern (S. 91); Szenisches Spiel (S. 91); Abwechslungsreiches Schreiben durch die Umstellung von Satzgliedern (S. 92); Inhaltswiedergabe eines Sachtextes (S. 93); Eine spannende Geschichte nach vorgegebenem Anfang weiterschreiben (S. 94); Einen Sachtext über Heinrich Hoffmann lesen (S. 94); Eine Struwwelpetergeschichte fortsetzen (S. 95); Eine Geschichte nachspielen (S. 96); Inhalt von Gedichten grafisch unterstützen (S. 97); Eine Geschichte nacherzählen (S. 98/99); Nach Textangaben etwas malen (S. 98/99); Unterschiedliche Erzählweisen vergleichen (S. 100/101); Informationen aus einem Text entnehmen (S. 102/103); Weitere Informationen zu einem vorgegebenen Thema einholen (S. 102/103); Überprüfen der Lesefähigkeit: Heraussuchen von Textstellen (S. 107); Jeweils von zwei Wörtern das Zutreffende im Text finden und den Satz schreiben (S. 107)	Fahrrad fahren Zahl nehmen Jahr Bahn am Morgen am Mittag am Nachmittag am Abend Sommer Regen Wind Sturm Wetter Gruppe Jagd schützen dick stark schwer

Tierisches (Seite 108 – 133)

Wörter mit ck nach kurz gesprochenem Vokal (S. 110); Begleitsatz vor und hinter der wörtlichen Rede (S. 112); Präsens und Präteritum kennen lernen (S. 113); Wörter mit tz nach kurz gesprochenem Vokal (S. 116);	Wörter mit ck (S. 110); Satzzeichen bei wörtlicher Rede (S. 111/112); Wörter mit Pf/pf am Wortanfang (S. 113); Veränderungen in der Schreibung der Verben im Präteritum (S. 113); Wörter mit Bl/bl und Pl/pl am Wortanfang	Sätze inhaltlich vervollständigen (S. 110); Redensarten und Sprichwörter kennen lernen und die Bedeutungen erfassen (S. 110/111); Text- und Inhaltsverständnis prüfen (S. 112); Eine Spielanweisung erklären (S. 114); Zungenbrecher sprechen (S. 114); Stichwörter aus Sachtexten herausschreiben (S. 115); Fragen zu einem Text formulieren (S. 115); Eine Geschichte zu Ende	packen blicken gucken Stock Decke putzen blitzen Satz trotzdem

Sprache untersuchen	Rechtschreiben	Mündlicher und schriftlicher Sprachgebrauch/Lesen	Lernwörter
Bildung des Perfekts kennen lernen (S. 117); Sätze durch zusätzliche Satzglieder ergänzen (S. 117); Bindewörter „denn“, „aber“, „weil“ zwischen Teilsätzen kennen lernen (S. 118); Warum-Fragen und weil-Antworten (S. 119); Übung zur wörtlichen Rede (S. 130); Denn- und weil-Sätze (S. 131); Übung zu Präsens, Perfekt und Präteritum (S. 132)	(S. 114); Wörter mit tz (S. 116); Diktatübung (S. 116); Reimwörter (S. 116); Kommasetzung vor den Bindewörtern „denn“, „aber“ und „weil“ (S. 118); Wörter mit Gl/gl und Kl/kl (S. 119); Diktatübung (S. 119); Kommasetzung vor dem Bindewort „weil“ (S. 119); Wörter mit ck (S. 130); Zeichensetzung bei wörtlicher Rede (S. 130); Wörter mit ck und tz (S. 131)	schreiben (S. 116); Eine Bastelanleitung lesen und umsetzen (S. 117); Satzglieder ergänzen (S. 117); Snoopy-Comic (S. 121); Eine Geschichte aus einer anderen Perspektive erzählen (S. 122/123); Fabeln kennen lernen, vergleichen und aus einer anderen Perspektive erzählen (S. 124/125); Veränderte Märchen (S. 126/127); Textvergleich Erzählung und Sachtext (S. 128/129); Überprüfen der Lesefähigkeit: Fragen zum Lesetext: „Mama Anna“ (S. 133); Wörtersuche: Geschenk für den Vogel (S. 133)	Katze glitzern klopfen glücklich Klee Fuchs

In anderen Ländern (Seite 134 – 157)

Grußformeln vergleichen (S. 136); Einen Text ins Präteritum setzen (S. 137); Adjektive in verschiedenen Steigerungsformen in die Grundstufe setzen (S. 139); Adjektive für Werbezwecke sammeln und steigern (S. 139); Falsche Begriffe zu einem Oberbegriff streichen (S. 154); Nomen für vorgegebene Oberbegriffe sammeln (S. 154); Vergleichsstufen zu Adjektiven bilden (S. 154); Mehrzahlbildung (S. 154); Verben im Präsens und im Präteritum in die er-Form setzen (S. 156)	Diktatübung (S. 137); Stimmhaftes/stimmloses s (S. 138); Wörter mit ss und ß (S. 140); Vokallänge markieren (S. 140); Wörter mit nd und nt (S. 141); Erklären der Schreibweise des Wortes Passstraße (S. 142); Wörter mit ng und nk (S. 142); Wörter mit ss und s (S. 154); Verben, Nomen und Adjektive mit ss und ß (S. 155); Vokallänge markieren (S. 155); Wörter mit nd, nt, rd und rt (S. 155); Diktatübung (S. 155); Wörter mit ng und nk (S. 156)	Informationen aus einem Text herausschreiben (S. 136); Grußformeln aus anderen Ländern (S. 136); Antworten begründen (S. 137); Eigene Werbeplakate entwerfen (S. 139); Zu einem Thema frei erzählen (S. 140); Stichwörter notieren und damit beschreiben (S. 141); Informationen zu einem Thema sammeln (S. 142); Meinungen in pro und kontra einteilen (S. 143); Begründungen finden (S. 143); Argumente zu einem Thema finden (S. 143); Einen Handlungsablauf ordnen und aufschreiben (S. 144); Konkrete Poesie (S. 145); Französische Zungenbrecher (S. 145); Lebenslauf in Stichworten aufschreiben (S. 146/147); Beschreiben eines Bildes von Rousseau (S. 147); Aufschreiben einer Geschichte zu einem Bild (S. 147); Comic „Asterix und Obelix“ (S. 150/151); Vergleichen von verschiedenen Textformen (S. 150/151 und S. 142); Autorenporträt Antoine de Saint-Exupéry (S. 152/153); Überprüfen der Lesefähigkeit: Einen Satz in einem Text wiederfinden und die Veränderung nennen (S. 157); Sätze zum Lesetext auf Richtigkeit überprüfen und Buchstaben zu einem Lösungswort zusammenfügen (S. 157); Zwei Äußerungen mit dem Inhalt des Originaltextes vergleichen (S. 157)	Museum bekannt Brücke Ausflug Picknick Nase Kreis sehen Wiese niesen Gras Fluss Schloss Wasser Straße sitzen – saß denken bringen winken eng lang Bank

Das Jahr (Seite 158 – 183)

Herbst	Jahreslauf anhand eines Liedes thematisieren und singen (S. 158/159); Die Gedichtform Rondell kennen lernen (S. 160); Assoziationen zum Herbst (S. 160); Eigenes Herbstrondell schreiben und gestalten (S. 160); Sachtexte lesen (S. 161); Geschichte beenden (S. 162); Geschichte aus verschiedenen Perspektiven aufschreiben (S. 162); Fest planen (S. 163); Text lesen und spielen in verteilten Rollen (S. 164/165); Über Freizeitmöglichkeiten bei schlechtem Wetter sprechen (S. 165)
Winter	Zuckerfest kennen lernen (S. 166/167); Über Feste und Festtagsgrüße in anderen Ländern sprechen (S. 167); Sinnentnehmendes Lesen (S. 168/169); Lesen in verteilten Rollen (S. 168/169); Geschichte als Schattenspiel planen und spielen (S. 168/169); Eine Jahreszeitenmaschine beschreiben und malen (S. 170/171); Sprache untersuchen: Zusammengesetzte Nomen heraussuchen und aufschreiben (S. 170/171); Text in verteilten Rollen lesen (S. 172); Sinnentnehmendes Lesen (S. 173); Über Fastnachtsbräuche sprechen (S. 173)
Frühling	Zu vorgegebenen Inhalten Bilder malen (S. 174); Adjektive für Frühling finden (S. 174); Ein Elfchen, Haiku oder Rondell über den Frühling schreiben (S. 174); Sinnentnehmendes Lesen (S. 175); Eigene Flunkergeschichte schreiben (S. 175); Osterbastelarbeit aus Eiern vorstellen (S. 176); Sachtexte lesen (S. 176); Ei/ei-Wörter finden (S. 177); Ei/ei-Wörter im Wörterbuch nachschlagen (S. 177); Eine Geschichte schreiben (S. 178/179)
Sommer	Sprache untersuchen: Verben aus einem Gedicht heraussuchen (S. 180); Pflanzen kennen lernen (S. 180); Pflanzenbuch herstellen (S. 180); Sachtext lesen (S. 181); Eine Sinneswahrnehmung zu einem Bild beschreiben (S. 181); Über Angst sprechen (S. 182); Über Haustiere im Urlaub und im Tierheim sprechen (S. 183); Einen Zeitungstext lesen (S. 183)

Quellenangaben

S. 16/17: Pressler, Mirjam: Nickel bekämpft die Angst. Aus: Pressler, Mirjam: Nickel Vogelpfeifer. Beltz Verlag, Weinheim und Basel 1986.

S. 18/19: Fuchs, Ursula: So stachelig wie ein Kaktus. Aus: Portmann, Rosemarie (Hrsg.): Mut tut gut. Arena Verlag, Würzburg 1994.

S. 19: Trautmann, Sabine: Wutgedicht. Originalbeitrag.

S. 20: Härtling, Peter: Wie Bernd und Frieder miteinander reden. Aus: Härtling, Peter: Der Traumschrank. Luchterhand Verlag, Darmstadt, Neuwied 1976.

S. 21: Wittkamp, Frantz: Warum sich Raben streiten. Aus: Gelberg, Hans-Joachim (Hrsg.): Überall und neben dir. Beltz Verlag, Weinheim 1986.

S. 22/23: Trautmann, Sabine: Freundschaftsspiele. Originalbeiträge.

S. 24/25: Maar, Paul: Das Sams in der Schule. Aus: Maar, Paul: Eine Woche voller Samstage. Verlag Friedrich Oetinger, Hamburg 1973.

S. 42/43: Wölfel, Ursula: Hannes fehlt. Aus: Wölfel, Ursula: Die grauen und die grünen Felder. Anrich Verlag, Neunkirchen/Odenwald 1970.

S. 44/45: Ruck-Pauquèt, Gina: Pippa. Aus: Litten, Margot (Hrsg.): Leselöwen-Betthupferlbuch. Loewe Verlag, Bayreuth 1984.

S. 45: Schimmler, Ute: Drachenflüge. Originalbeitrag.

S. 46/47: Sutejew, Wladimir: Unter dem Pilz. Aus: Sutejew, Wladimir: Lustige Geschichten. Verlag Progress. Moskau. o. J.

S. 48–50: Lionni, Leo: Frederick. Middelhauve Verlag, Köln 1983.

S. 51: Trautmann, Sabine: Feldmäuse. Originalbeitrag.

S. 66: Schimmler, Ute: Ein Wolkengedicht. Originalbeitrag.

S. 69: Guggenmos, Josef: Da lieg ich im Bett. Aus: Gelberg, Hans-Joachim (Hrsg.): Was für ein Glück. Beltz Verlag, Weinheim und Basel 1993.

S. 70/71: Preussler, Otfried: Führen Sie Besen? Aus: Preussler, Otfried: Die kleine Hexe. Thienemann Verlag, Stuttgart 1957.

S. 72/73: Keinke, Margot: Was die Wolke mit dem alten Haus machte. Aus: Keinke, Margot: Schwimmen ist nichts für Schneemänner. Matthias-Grünewald-Verlag, Mainz 1983.

S. 74–76: Backx, Patsy: Fines Traumtag. Gerstenberg Verlag, Hildesheim 1999.

S. 77: Lenzen, Hans Georg: Tiger-Jagd. Aus: Gelberg, Hans-Joachim (Hrsg.): Überall und neben dir. Beltz Verlag, Weinheim und Basel 1986.

S. 79: Schimmler, Ute: Wellensittiche. Originalbeitrag.

S. 91: Guggenmos, Josef: Dabbeljuh. Aus: Grundschulunterricht 3/2001. Pädagogischer Zeitschriftenverlag.

S. 94: Mai, Manfred: Vom Wind verweht. Aus: Mai, Manfred: Meine liebsten 1, 2, 3 – Minutengeschichten. Ravensburger Buchverlag, Ravensburg 2003.

S. 94: Kargl, Sonja: Der Struwwelpeter. Originalbeitrag.

S. 95: Hoffmann, Heinrich: Die Geschichte vom fliegenden Robert. Aus: Hoffmann, Heinrich: Der Struwwelpeter. Pestalozzi Verlag. o. J.

S. 96: Hofbauer, Friedl/Recheis, Käthe: Sonne und Wind. Aus: Hofbauer, Friedl/Recheis, Käthe: 99 Minutenmärchen. Verlag Kerle/Herder, Wien 1976.

S. 97: Guggenmos, Josef: Der Wind. Aus: Ich will dir was verraten. Beltz Verlag, Weinheim und Basel 1992.

S. 98/99: Lindgren, Astrid: Mittsommer in Bullerbü (gekürzt). Aus: Lindgren, Astrid: Die Kinder von Bullerbü. Verlag Friedrich Oetinger, Hamburg 1970.

S. 100: Mayer-Skumanz, Lene: Natatek und Kleiner Bär (gekürzt). Aus: Mayer-Skumanz, Lene: Der himmelblaue Karpfen. Annette Betz Verlag, München 1977.

S. 101: Ottenheimer, Laurence: Sahara – Das Leben in der Wüste (veränderter Auszug). Ravensburger Buchverlag Otto Maier GmbH, Ravensburg 1998.

S. 102/103: Kargl, Sonja: Hochwasser. Originalbeitrag.

S. 112: Ende, Michael: Die Schnurpsenzoologie. Aus: Ende, Michael: Das Schnurpsenbuch. Thienemann Verlag, Stuttgart 1997.

S. 120/121: King-Smith, Dick/Jeram, Anita: Mama Anna. Aus: King-Smith, Dick/Jeram, Anita: Tierisch gute Freunde. Verlag Sauerländer, Arau, Frankfurt/Main, Salzburg 1997.

S. 122/123: Janosch: Geschenk für den Vogel. Aus: Janosch: Das große Janosch-Buch. Geschichten und Bilder. Beltz Verlag, Weinheim und Basel 1991.

S. 124: Aesop: Rabe und Pfauen. Aus: Mc Clintock, Barbara: Von schlauen Füchsen und fremden Federn. Coppenrath Verlag, Münster 1993.

S. 125: Aesop: Der Adler und der Rabe. Aus: TU WAS! Raben-Spiel- und Spaßbuch. Ein Dominobuch. 1999.

S. 126: Puth, Klaus: Der Wolf und die sieben Geißlein. Aus: Puth, Klaus: Grimmige Märchen. Scherz Verlag, Bern, München, Wien 1997.

S. 127: Yannick: Die Welt der veränderten Märchen. Schülerbeitrag.

S. 128/129: Korschunow, Irina: Der Findefuchs. Deutscher Taschenbuch Verlag, München 1982.
S. 129: Kargl, Sonja: Der Rotfuchs. Originalbeitrag.
S. 145: Mit Sprache spielen. Volksgut.
S. 146: Schimmler, Ute: Henri Rousseau. Originalbeitrag.
S. 148/149: Langen, Annette (Text)/Droop, Constanza (Illustration): Briefe von Felix. Ein kleiner Hase auf Weltreise. Coppenrath Verlag, Münster 1994.
S. 152/153: Saint-Exupéry, Antoine de: Der kleine Prinz und der Eitle. Aus: Saint-Exupéry, Antoine de: Der kleine Prinz. Wilhelm Heyne Verlag, München 1989.
S. 159: Zeuch, Christa (Text und Musik): Das Jahr ist wie ein Buch. Aus: Lisa Lolle Lachmusik. 2003 by Edition Bücherbär im Arena Verlag GmbH, Würzburg.
S. 160: Herbst. Schülerbeispiele.
S. 161: Morgenstern, Christian: Schnupfenzeit. Aus: Morgenstern, Christian: Alle Galgenlieder. Gustav Kiepenheuer Verlag, Leipzig, Weimar 1981.
S. 161: Hock-Schatz, Angela: Warum bekommen wir Schnupfen? Originalbeitrag.
S. 162: Trautmann, Sabine: Halloweenfeier mit Hindernissen. Originalbeitrag.
S. 163: Hock-Schatz, Angela: Halloweenfest. Originalbeitrag.
S. 164/165: Marder, Eva: Der kleine Straßenkehrer und die Blätter. Aus: Ravensburger Kinderjahr. Ravensburger Verlag Otto Maier, Ravensburg 1992.
S. 165: Schwikart, Georg: November. Aus: Abeln, Reinhard: So bunt wie ein Basar. Butzon und Becker Verlag, 1996.
S. 166/167: Trautmann, Sabine: Weihnachten und Zuckerfest. Originalbeitrag.
S. 168/169: Bolliger, Max: Eine Wintergeschichte. Aus: Bolliger, Max: Wintergeschichten. Artemis Verlag, Zürich 1976.
S. 170/171: Ruck-Pauquèt, Gina: Die Erfindung des neuen Jahres. Aus: Brügel-Fritzen, Sabine (Hrsg.): Selbst Riesen sind am Anfang klein. Ellermann Verlag, München 1993.
S. 171: Guggenmos Josef: Neujahrsnacht. Aus: Guggenmos, Josef: Oh, Verzeihung sagte die Ameise. Beltz Verlag, Weinheim 1993.
S. 172: Vahle, Frederik: Das Gewicht der Schneeflocke. Aus: Weihnachtsgrüße. Middelhauve Verlag, Köln 1986.
S. 173: Hock-Schatz, Angela: Fastnacht und Karneval. Originalbeitrag.
S. 174: Busta, Christine: Die Frühlingssonne. Aus: Walter, Ilse (Hrsg.): Das Jahreszeitenreimebuch. Herder Verlag, Freiburg, Wien 1992.
S. 175: Scheffler, Ursel: Flunkerfranz. Aus: Scheffler, Ursel: Leselöwen Ostergeschichten. Loewe Verlag, Bindlach 2001.
S. 176: Hock-Schatz, Angela: Rund ums Ei. Originalbeiträge.
S. 177: Janosch: Das Liebesbrief-Ei. Aus: Gelberg, Hans-Joachim (Hrsg.): Überall und neben dir. Beltz Verlag, Weinheim und Basel 1986.
S. 178/179: Bonsels, Waldemar: Majas erster Flug (gekürzt). Aus: Bonsels, Waldemar: Die Biene Maja und ihre Abenteuer. Deutsche Verlags-Anstalt, Stuttgart 1960.
S. 180: Hofbauer, Friedl: Was ist eine Wiese? Aus: Bydlinski, Georg (Hrsg.): Der Wünschelbaum. Herder Verlag, Freiburg, Wien 1984.
S. 181: Hock-Schatz, Angela: Der Seerosenteich. Originalbeitrag.
S. 182: Mai, Manfred: Noch einmal von vorne. Aus: Die 100 besten 1, 2, 3 – Minutengeschichten. Maier Ravensburg, Ravensburg 2003.
S. 183: Ruck-Pauquèt, Gina: Tippitip im Tierheim. Aus: Ruck-Pauquèt, Gina: Tippitip. Georg Bitter Verlag, Recklinghausen 1977.

In wenigen Fällen ist es trotz umfangreicher Bemühungen nicht gelungen, die Rechteinhaber von Textbeiträgen ausfindig zu machen. Der Verlag ist hier für entsprechende Hinweise dankbar. Berechtigte Ansprüche werden selbstverständlich im Rahmen der üblichen Vereinbarungen abgegolten.

Bildnachweis

S. 4: Junge mit Hund: © Bildagentur Mauritius, Mittenwald.
S. 5: Kinderporträts: © Mauritius / Peggy Groß, Leipzig / Helga Lade Fotoagentur.
S. 7: Gitarre: Getty Images PhotoDisc, Hamburg.
S. 7: Klanghölzer: Getty Images PhotoDisc, Hamburg.
S. 7: Trommel: MEV, Augsburg.
S. 23: Freundschaftsband: © Lemme, Berlin
S. 24/25: Abbildungen aus: Paul Maar. Das Sams. Verlag Friedrich Oetinger, Hamburg.
S. 25: Cover: Paul Maar. Das Sams. Verlag Friedrich Oetinger, Hamburg.
S. 37: Cover: Zeitschrift „Medizini". Wort & Bild Verlag, Baierbrunn.
S. 37: Cover: Zeitschrift „mach mit". Velber im OZ Verlag, Seelze.
S. 37: Cover: Zeitschrift „Tu was!" Domino Verlag Günter Binek GmbH, München.
S. 38: Wildkaninchen: Reinhard-Tierfoto, Heiligkreuzsteinach.
S. 38: Ameise: © Okapia, Frankfurt.
S. 38: Hirsch: © Okapia, Frankfurt.
S. 41: Eichhörnchen: Tier und Naturfotografie Sohns, Ellerstadt.
S. 41: Siebenschläfer: Reinhard-Tierfoto, Heiligkreuzsteinach.
S. 45: Kinder mit Drachen: Mauritius (Manus), Mittenwald.
S. 51: Feldmäuse mit Gang: Naturfotografie Frank Hecker, Panten-Hammer.
S. 51: Feldmäuse auf Gräsern: Reinhard-Tierfoto, Heiligkreuzsteinach.
S. 51: Feldmäuse (Mitte): Silvestris, Dießen.
S. 51: Cover: Flinke Mäuse. Mit freundlicher Genehmigung des Kosmos Verlags, Stuttgart © Steinkamp.
S. 57: Muschel: Conrad Höllerer, Stuttgart.
S. 57: Seestern: MEV, Augsburg.
S. 58: Mädchen mit Muschel: © Corbis (FK PHOTO), Düsseldorf.
S. 59: Junge mit Seifenblasen: © Corbis (Peter Steiner), Düsseldorf.
S. 68: Muscheln: Conrad Höllerer, Stuttgart.
S. 68: Seestern: MEV, Augsburg.
S. 70/71: Abbildungen aus: Die kleine Hexe. Thienemann Verlag, Stuttgart.
S. 76: Cover: Patsy Backx. Fines Traumtag. Aus dem Niederländischen von Sylke Hachmeister. Copyright 1994/1997 Uitgeverij J. H. Gottmer/ H. J. W. Becht. bv, Niederlande, Deutsche Ausgabe Copyright 1999 Gerstenberg Verlag, Hildesheim.
S. 82: Vincent van Gogh. Weizenfeld mit Schnitter bei aufgehender Sonne. Rijksmuseum, Amsterdam. © AKG, Berlin.
S. 83: Camille Corot. Windstoß. 1864/73. © AKG, Berlin.
S. 92: Inuit: © Corbis (Staffan Widstrand), Düsseldorf.
S. 93: Tuareg: © Corbis (Juan Echeverria), Düsseldorf.
S. 93: Vogelspinne: © Okapia (infor_sql), Frankfurt.
S. 93: Kamele: © Okapia (Gabi Jantschke), Frankfurt.
S. 93: Kaktus: © Corel Corporation. Unterschleißheim.
S. 94: Cover: „Der Struwwelpeter" von Dr. Heinrich Hoffmann. Klett-Archiv, Stuttgart.
S. 95: Abb. Der fliegende Robert. Aus: „Der Struwwelpeter" von Dr. Heinrich Hoffmann. Klett-Archiv, Stuttgart.
S. 103: Cover: Das Wetter. Dorling Kindersley Verlag GmbH, Starnberg.
S. 108: Hirsch: Steffi Kassler, Leipzig.
S. 108: Rotfuchs: © Okapia, Frankfurt.
S. 115: Elster: © Okapia (Irmtraut Friz), Frankfurt.
S. 119: Fuchs: Tier und Naturfotografie Sohns, Ellerstadt.
S. 120/121: Illustrationen Dackel: Aus: Dick King Smith, Anita Jeram. Tierisch gute Freunde. Verlag Sauerländer, Oberentfelden/Switzerland.
S. 121: Cover: Dick King Smith, Anita Jeram. Tierisch gute Freunde. Verlag Sauerländer, Oberentfelden/Switzerland.
S. 121: Comic: Charles M. Schulz. Snoopy und die Peanuts: 24. Buch: Land in Sicht. Wolfgang-Krüger-Verlag, Frankfurt/Main 1995.
S. 123: Cover: Das große Janosch Buch. Beltz & Gelberg, Weinheim.
S. 126: Cover: Klaus Puth. Grimmige Märchen. Scherz Verlag, Frankfurt.
S. 128: Abbildungen aus: Irina Korschunow. Der Findefuchs. © Deutscher Taschenbuch Verlag, München 1986.
S. 129: Rotfuchs: © Okapia, Frankfurt.
S. 134: Paris, Eiffelturm: Getty Images RF (RF), München.
S. 134: Lavendelfeld: Corel Corporation (RF), Ottawa, Ontario.
S. 134: Camarguepferde: f1 online digitale Bildagentur (Werner Dietrich), Frankfurt/Main.
S. 134: Schloss an der Loire: Mauritius, Mittenwald.
S. 134: Bretagne: © Corbis (Hubert Stadler), Düsseldorf.
S. 137: Straßenmaler in Paris an der Seine: © Corbis (Catherine Karnow), Düsseldorf.
S. 139: Abbildungen aus: Das Dschungelbuch. Global Pictures (defd), München.

S. 140: Wasserschloss: © Corbis Digital Stock (RF), London.
S. 141: Eiffelturm Paris: Kessler-Medien, Saarbrücken.
S. 142: Tour de France: © Corbis (DE WAELE Tim), Düsseldorf.
S. 146: Porträt: Henri Rousseau: © Corbis (Edimédia), Düsseldorf.
S. 147: Henri Rousseau. Überrascht. National Gallery Collection; By kind permission of the Trustees of the National Gallery, London/Corbis.
S. 148: Briefe von Felix: Ein Brief aus Paris. Annette Langen und Constanza Droop, Briefe von Felix. Copyright 1994 Coppenrath Verlag, Münster, Germany.
S. 148: Briefe von Felix: Annette Langen und Constanza Droop, Briefe von Felix. Copyright 1994 Coppenrath Verlag, Münster, Germany.
S. 148/149: Innenabbildungen aus Briefe von Felix. Copyright 1994 Coppenrath Verlag, Münster, Germany.
S. 150/151: Comic: Asterix und Obelix – Tour de France. Aus: Goscinny/Uderzo: Großer Asterix-Band VI. Delta Verlag, Stuttgart 1987. Copyright 2003 Les Éditions Albert Rene/Goscinny-Uderzo.
S. 152/153: Abbildungen aus: Antoine de Saint-Exupéry. Der kleine Prinz. Verlag Volk und Welt, Berlin 1989.
S. 153: Porträt: Antoine de Saint-Exupéry. © AKG, Berlin.
S. 161: Teeglas: MEV, Augsburg.
S. 163: Spinnen: © Lemme, Berlin
S. 176/177: Ostereier: © Lemme, Berlin
S. 179: Cover: Waldemar Bonsels. Die Biene Maja. Arena Verlag, Würzburg.
S. 179: Cover: Videokassette. Die Biene Maja. Ihre schönsten Abenteuer. Edel Records.
S. 180: Sommerwiese: Corel Corporation, Unterschleißheim.
S. 181: Claude Monet. Der Seerosenteich. © AKG (Erich Lessing), Berlin.
S. 183: Hund im Tierheim: Klett-Archiv (Judith Havenith-Kluck), Stuttgart.